20일 완성

JLPT

일본어능력시험

합격해
VOCA

N4·5

KB047092

S 시원스쿨닷컴

20일 완성 JLPT 합격해VOCA N4·N5

초판 1쇄 발행 2023년 9월 27일
초판 2쇄 발행 2024년 10월 2일

지은이 시원스쿨어학연구소
펴낸곳 (주)에스제이더블유인터내셔널
펴낸이 양홍걸 이시원

홈페이지 www.siwonschool.com
주소 서울시 영등포구 영신로 166 시원스쿨
교재 구입 문의 02)2014-8151
고객센터 02)6409-0878

ISBN 979-11-6150-768-2 10730
Number 1-311111-18221800-08

합격해VOCA의

가장 쉬운 활용 가이드

시원스쿨 일본어 홈페이지
공부자료실 바로가기

단어 쪽지 시험 PDF

원어민 전체 음원 MP3

※ 위 학습 부가 자료들은 시원스쿨 일본어 홈페이지(japan.siwonschool.com)의 수강신청 ▶
교재/MP3 와 학습지원센터 ▶ 공부자료실 에서도 다운로드할 수 있습니다.

목차

제1장 일본어 + 한국어 VOCA

제2장 한국어 + 일본어 VOCA

이 책의 구성 및 특징

제1장 오십음도 순 일본어 + 한국어 VOCA 학습

제2장 가나다 순 한국어 + 일본어 VOCA 학습

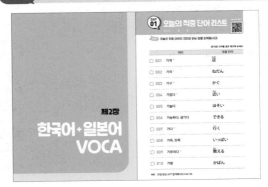

단어 — JLPT 필수 단어 학습

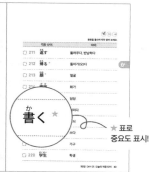

★ 표로
중요도 표시!

퀴즈 — DAY별 퀴즈를 풀어보며 암기한 단어 복습

한자 읽기 유형

> JLPT 챌린지 _____의 읽는 법으로 가장 알맞은 것을 1·2·3·4에서 하나 고르세요.
>
> ① <u>廊下</u>に ものを 置かないで ください。
>
> 복도에 물건을 두지 말아주세요.
>
> 1 ろか　　　2 ろした　　　3 ろうか　　　4 ろうした
>
> ② <u>本店</u>に 連絡して みます。　본점에 연락해 보겠습니다.
>
> 1 ほんみせ　　2 もとみせ　　3 ほんてん　　4 もとてん

표기 유형

> JLPT 챌린지 _____을 한자로 쓸 때 가장 알맞은 것을 1·2·3·4에서 하나 고르세요.
>
> ① えんぴつを <u>かして</u> ください。　연필을 빌려주세요.
>
> 1 貸して　　　2 質して　　　3 貨して　　　4 資して
>
> ② わたしは バスで 会社に <u>かよって</u> います。
>
> 저는 버스로 회사에 다니고 있습니다.
>
> 1 通って　　　2 行って　　　3 待って　　　4 乗って

문맥 규정 유형

> JLPT 챌린지 (　　)에 들어갈 가장 알맞은 것을 1·2·3·4에서 하나 고르세요.
>
> ① 子どもの時、(　　) が あまり 好きじゃなかった。
>
> 어렸을 때 우유를 별로 안 좋아했다.
>
> 1 お茶　　　2 コーヒー　　　3 こうちゃ　　　4 牛乳
>
> ②(　　) を はるのを わすれて はがきを 送った。
>
> 우표 붙이는 것을 잊고 엽서를 보냈다.
>
> 1 きって　　　2 えんぴつ　　　3 きっぷ　　　4 かぎ

7일 완성 JLPT 합격어VOCA N4·N5 단어 쪽지 시험	DAY 01	SIMON일본어

빈칸에 각 단어의 읽는 법과 의미를 써보세요.

	단어	읽는 법	의미		단어	읽는 법	의미
☐	001 あいさつ			☐	011 明るい		
☐	002 間			☐	012 秋		
☐	003 アイディア			☐	013 開く		
☐	004 会う			☐	014 アクセサリー		
☐	005 合う			☐	015 開ける		
☐	006 青			☐	016 あげる		
☐	007 青い			☐	017 朝		
☐	008 赤			☐	018 浅い		
☐	009 赤い			☐	019 あさって		
☐	010 あがる			☐	020 足		

원어민 MP3를 들으며 단어를 반복해서 암기할 수 있고, DAY별 단어 쪽지 시험으로
실력을 탄탄하게 다질 수 있습니다.

20일 완성 학습 플랜

일자	학습 내용	학습일		데일리 체크
1일차	제1장 DAY01	월	일	☐ 001 ~ 050
2일차	제1장 DAY02	월	일	☐ 051 ~ 100
3일차	제1장 DAY03	월	일	☐ 101 ~ 150
4일차	제1장 DAY04	월	일	☐ 151 ~ 200
5일차	제1장 DAY05	월	일	☐ 201 ~ 250
1~5일차 단어 복습(PDF 제공)				
6일차	제1장 DAY06	월	일	☐ 251 ~ 300
7일차	제1장 DAY07	월	일	☐ 301 ~ 350
8일차	제1장 DAY08	월	일	☐ 351 ~ 400
9일차	제1장 DAY09	월	일	☐ 401 ~ 450
10일차	제1장 DAY10	월	일	☐ 451 ~ 500
6~10일차 단어 복습(PDF 제공)				

일자	학습 내용	학습일		데일리 체크
11일차	제1장 DAY11	월	일	☐ 501 ~ 550
12일차	제1장 DAY12	월	일	☐ 551 ~ 600
13일차	제1장 DAY13	월	일	☐ 601 ~ 650
14일차	제1장 DAY14	월	일	☐ 651 ~ 700
15일차	제1장 DAY15	월	일	☐ 701 ~ 750
11~15일차 단어 복습(PDF 제공)				
16일차	제1장 DAY16	월	일	☐ 751 ~ 800
17일차	제1장 DAY17	월	일	☐ 801 ~ 850
18일차	제1장 DAY18	월	일	☐ 851 ~ 900
19일차	제1장 DAY19	월	일	☐ 901 ~ 950
20일차	제1장 DAY20	월	일	☐ 951 ~ 1000
16~20일차 단어 복습(PDF 제공)				

40일 완성 학습 플랜

일자	학습 내용	학습일		데일리 체크
1일차	제1장 DAY01	월	일	☐ 001 ~ 050
2일차	제1장 DAY02	월	일	☐ 051 ~ 100
3일차	제1장 DAY03	월	일	☐ 101 ~ 150
4일차	제1장 DAY04	월	일	☐ 151 ~ 200
5일차	제1장 DAY05	월	일	☐ 201 ~ 250
1~5일차 단어 복습(PDF 제공)				
6일차	제1장 DAY06	월	일	☐ 251 ~ 300
7일차	제1장 DAY07	월	일	☐ 301 ~ 350
8일차	제1장 DAY08	월	일	☐ 351 ~ 400
9일차	제1장 DAY09	월	일	☐ 401 ~ 450
10일차	제1장 DAY10	월	일	☐ 451 ~ 500
6~10일차 단어 복습(PDF 제공)				

일자	학습 내용	학습일		데일리 체크
11일차	제1장 DAY11	월	일	☐ 501 ~ 550
12일차	제1장 DAY12	월	일	☐ 551 ~ 600
13일차	제1장 DAY13	월	일	☐ 601 ~ 650
14일차	제1장 DAY14	월	일	☐ 651 ~ 700
15일차	제1장 DAY15	월	일	☐ 701 ~ 750
11~15일차 단어 복습(PDF 제공)				
16일차	제1장 DAY16	월	일	☐ 751 ~ 800
17일차	제1장 DAY17	월	일	☐ 801 ~ 850
18일차	제1장 DAY18	월	일	☐ 851 ~ 900
19일차	제1장 DAY19	월	일	☐ 901 ~ 950
20일차	제1장 DAY20	월	일	☐ 951 ~ 1000
16~20일차 단어 복습(PDF 제공)				

일자	학습 내용	학습일		데일리 체크
21일차	제2장 DAY01	월	일	☐ 001 ~ 050
22일차	제2장 DAY02	월	일	☐ 051 ~ 100
23일차	제2장 DAY03	월	일	☐ 101 ~ 150
24일차	제2장 DAY04	월	일	☐ 151 ~ 200
25일차	제2장 DAY05	월	일	☐ 201 ~ 250
21~25일차 단어 복습(PDF 제공)				
26일차	제2장 DAY06	월	일	☐ 251 ~ 300
27일차	제2장 DAY07	월	일	☐ 301 ~ 350
28일차	제2장 DAY08	월	일	☐ 351 ~ 400
29일차	제2장 DAY09	월	일	☐ 401 ~ 450
30일차	제2장 DAY10	월	일	☐ 451 ~ 500
26~30일차 단어 복습(PDF 제공)				

일자	학습 내용	학습일		데일리 체크
31일차	제2장 DAY11	월	일	☐ 501 ~ 550
32일차	제2장 DAY12	월	일	☐ 551 ~ 600
33일차	제2장 DAY13	월	일	☐ 601 ~ 650
34일차	제2장 DAY14	월	일	☐ 651 ~ 700
35일차	제2장 DAY15	월	일	☐ 701 ~ 750
31~35일차 단어 복습(PDF 제공)				
36일차	제2장 DAY16	월	일	☐ 751 ~ 800
37일차	제2장 DAY17	월	일	☐ 801 ~ 850
38일차	제2장 DAY18	월	일	☐ 851 ~ 900
39일차	제2장 DAY19	월	일	☐ 901 ~ 950
40일차	제2장 DAY20	월	일	☐ 951 ~ 1000
36~40일차 단어 복습(PDF 제공)				

N4·N5

제1장

일본어+한국어
VOCA

오늘의 적중 단어의 읽는 법과 의미를 외워봅시다!

☑ 외운 단어를 셀프 체크해 보세요.

	적중 단어	의미
☐ 001	**あいさつ** *	인사
☐ 002	<ruby>間<rt>あいだ</rt></ruby> *	동안, 사이
☐ 003	**アイディア** *	아이디어
☐ 004	<ruby>会<rt>あ</rt></ruby>う *	만나다
☐ 005	<ruby>合<rt>あ</rt></ruby>う	맞다, 어울리다
☐ 006	<ruby>青<rt>あお</rt></ruby>	파랑, 파란색
☐ 007	<ruby>青<rt>あお</rt></ruby>い *	파랗다
☐ 008	<ruby>赤<rt>あか</rt></ruby>	빨강, 빨간색
☐ 009	<ruby>赤<rt>あか</rt></ruby>い *	빨갛다
☐ 010	**あがる**	오르다

음원을 들으며 따라 읽어 보세요.

あ

	적중 단어	의미
☐ 011	明るい ★	밝다
☐ 012	秋 ★	가을
☐ 013	開く ★	열리다
☐ 014	アクセサリー	액세서리
☐ 015	開ける ★	열다
☐ 016	あげる	(내가 다른 사람에게) 주다
☐ 017	朝 ★	아침
☐ 018	浅い	얕다
☐ 019	あさって	모레
☐ 020	足 ★	발, 다리

		적중 단어	의미
☐	021	味 ★ あじ	맛
☐	022	アジア	아시아
☐	023	明日 あした	내일
☐	024	遊ぶ あそ	놀다
☐	025	暖かい あたた	따뜻하다
☐	026	温かい あたた	(물, 음식 등이) 따뜻하다
☐	027	頭 ★ あたま	머리
☐	028	新しい ★ あたら	새롭다
☐	029	暑い あつ	덥다
☐	030	熱い あつ	뜨겁다

음원을 들으며 따라 읽어 보세요.

적중 단어	의미
☐ 031 集まる	모이다
☐ 032 集める ★	모으다
☐ 033 後 ★	나중, 다음, ~후
☐ 034 アナウンサー	아나운서
☐ 035 アナウンス	안내 방송
☐ 036 兄 ★	(나의) 형, 오빠
☐ 037 姉 ★	(나의) 누나, 언니
☐ 038 アパート ★	아파트
☐ 039 浴びる	(샤워를) 하다, 뒤집어쓰다
☐ 040 危ない	위험하다

	적중 단어	의미
☐ 041	油 ^{あぶら}	기름
☐ 042	アフリカ	아프리카
☐ 043	甘い ^{あま}	달다
☐ 044	あまり〜ない ★	그다지 ~않다
☐ 045	雨 ★ ^{あめ}	비
☐ 046	あやまる ★	사과하다
☐ 047	洗う ^{あら}	씻다
☐ 048	歩く ★ ^{ある}	걷다
☐ 049	アルコール	알코올
☐ 050	アルバイト	아르바이트

퀴즈1 적중 단어와 의미를 바르게 연결해 보세요.

① 暖かい ・　　　　　　　　・ A 뒤집어쓰다

② 危ない ・　　　　　　　　・ B 따뜻하다

③ 浴びる ・　　　　　　　　・ C 위험하다

퀴즈2 다음 적중 단어를 히라가나로 올바르게 읽은 것을 고르세요.

① 姉 (나의) 누나, 언니　　　A あに　　　B あね

② 油 기름　　　　　　　　A あぶら　　B よし

③ 洗う 씻다　　　　　　　A わらう　　B あらう

JLPT 챌린지 ＿＿＿의 읽는 법으로 가장 알맞은 것을 1·2·3·4에서 하나 고르세요.

① わたしは 甘い 味が すきです。 저는 단맛을 좋아합니다.

1 かたち　　2 あじ　　　　3 いろ　　　　4 におい

② きのうは 雨でしたか。 어제는 비였습니까?

1 あめ　　　2 はれ　　　　3 くもり　　　4 ゆき

3분 퀴즈 챌린지 정답 체크

퀴즈1　①B②C③A　　퀴즈2　①B②A③B　　JLPT 챌린지　①2②1

오늘의 적중 단어의 읽는 법과 의미를 외워봅시다!

☑ 외운 단어를 셀프 체크해 보세요.

적중 단어	의미
☐ 051 **アンケート** ★	앙케트, 조사
☐ 052 **安心** ★ (あんしん)	안심
☐ 053 **安全** (あんぜん)	안전
☐ 054 **案内** ★ (あんない)	안내
☐ 055 **いい**	좋다
☐ 056 **言う** ★ (い)	말하다
☐ 057 **家** ★ (いえ)	집(장소)
☐ 058 **以外** (いがい)	이외, 그 밖
☐ 059 **生きる** (い)	살다, 생존하다
☐ 060 **行く** ★ (い)	가다

적중 단어		의미
☐ 061	池 ^{いけ}	연못
☐ 062	意見 ★ ^{い けん}	의견
☐ 063	石 ★ ^{いし}	돌
☐ 064	医者 ★ ^{い しゃ}	의사
☐ 065	以上 ★ ^{い じょう}	이상
☐ 066	いす ★	의자
☐ 067	以前 ^{い ぜん}	이전
☐ 068	忙しい ^{いそが}	바쁘다
☐ 069	急ぐ ★ ^{いそ}	서두르다
☐ 070	痛い ^{いた}	아프다

	적중 단어	의미
☐ 071	いちご	딸기
☐ 072	一度 ^{いち ど} ★	한번
☐ 073	いつ	언제
☐ 074	いっぱい	가득, 잔뜩
☐ 075	いつも ★	항상
☐ 076	以内 ^{い ない}	이내
☐ 077	犬 ^{いぬ} ★	개
☐ 078	今 ^{いま}	지금
☐ 079	意味 ^{い み}	의미
☐ 080	妹 ^{いもうと} ★	여동생

적중 단어	의미
☐ 081 **いやだ**	싫다
☐ 082 **入口** (いりぐち)	입구
☐ 083 **要る** (い)	필요하다
☐ 084 **入れる** (い)	넣다
☐ 085 **色** (いろ) ★	색, 색깔
☐ 086 **いろいろ**	여러 가지, 다양함
☐ 087 **インターネット** ★	인터넷
☐ 088 **インフルエンザ**	인플루엔자, 독감
☐ 089 **上** (うえ) ★	위
☐ 090 **植える** (う)	심다

あ

	적중 단어	의미
☐ 091	うけつけ *	접수
☐ 092	受ける	받다, (시험을) 치르다
☐ 093	動く *	움직이다
☐ 094	牛	소
☐ 095	後ろ *	뒤
☐ 096	うすい *	연하다, 얇다
☐ 097	うそ *	거짓말
☐ 098	歌	노래
☐ 099	歌う	노래하다
☐ 100	うち	집(내가 사는 곳)

3분 퀴즈 챌린지

학습일 :　　월　　일

맞은 개수　　개/8개

퀴즈1 적중 단어와 의미를 바르게 연결해 보세요.

① 急ぐ ・   ・ A 의견

② 一度 ・   ・ B 한번

③ 意見 ・   ・ C 서두르다

퀴즈2 다음 적중 단어를 히라가나로 올바르게 읽은 것을 고르세요.

① 入れる 넣다   A いれる   B うれる

② 以上 이상   A いぞう   B いじょう

③ 案内 안내   A あんうち   B あんない

JLPT 챌린지 _____의 읽는 법으로 가장 알맞은 것을 1·2·3·4에서 하나 고르세요.

① たなかさん 以外は みんな 来ました。

다나카 씨 이외는 모두 왔습니다.

1 いがい   2 いそと   3 にそと   4 にがい

② わたしの 父は 医者です。 우리 아빠는 의사입니다.

1 いし   2 いしゃ   3 いじ   4 いじゃ

3분 퀴즈 챌린지 정답 체크

퀴즈1 ①C②B③A   **퀴즈2** ①A②B③B   **JLPT 챌린지** ①1②2

오늘의 적중 단어 리스트

DAY 03 MP3

학습일: 월 일

 오늘의 적중 단어의 읽는 법과 의미를 외워봅시다!

☑ 외운 단어를 셀프 체크해 보세요.

적중 단어	의미
☐ 101 美しい ★ (うつく)	아름답다
☐ 102 写す (うつ)	베끼다
☐ 103 映る (うつ)	비치다
☐ 104 移る (うつ)	옮기다
☐ 105 うで	팔
☐ 106 馬 (うま)	말
☐ 107 うまい ★	맛있다, 솜씨가 좋다
☐ 108 生まれる ★ (う)	태어나다
☐ 109 海 ★ (うみ)	바다
☐ 110 うむ ★	낳다

음원을 들으며 따라 읽어 보세요.

		적중 단어	의미
☐	111	売り場 ★	매장
☐	112	売る ★	팔다
☐	113	うるさい ★	시끄럽다
☐	114	うれしい	기쁘다
☐	115	売れる ★	팔리다
☐	116	上着	상의, 겉옷
☐	117	運転 ★	운전
☐	118	運動 ★	운동
☐	119	絵	그림
☐	120	エアコン ★	에어컨

あ

	적중 단어	의미
☐ 121	映画 えい が ★	영화
☐ 122	映画館 えい が かん	영화관
☐ 123	影響 えいきょう	영향
☐ 124	営業 えいぎょう ★	영업
☐ 125	英語 えい ご ★	영어
☐ 126	駅 えき ★	역
☐ 127	駅員 えきいん ★	역무원
☐ 128	エスカレーター	에스컬레이터
☐ 129	えだ ★	가지
☐ 130	選ぶ えら	선택하다

		적중 단어	의미
☐	131	エレベーター	엘리베이터
☐	132	えんぴつ	연필
☐	133	えんりょ ★	사양, 겸손
☐	134	おいしい	맛있다
☐	135	おいわい	축하, 축하 선물
☐	136	おうふく ★	왕복
☐	137	多い ★	많다
☐	138	大きい	크다
☐	139	おおぜい ★	여럿, 많은 사람
☐	140	オープン	오픈

	적중 단어	의미
☐ 141	お母<ruby>母<rt>かあ</rt></ruby>さん	어머니
☐ 142	おかし	과자
☐ 143	お金<ruby>金<rt>かね</rt></ruby>	돈
☐ 144	お客<ruby>客<rt>きゃく</rt></ruby>さん	손님
☐ 145	起<ruby>起<rt>お</rt></ruby>きる ★	일어나다
☐ 146	置<ruby>置<rt>お</rt></ruby>く ★	두다, 놓다
☐ 147	屋上<ruby>屋上<rt>おくじょう</rt></ruby> ★	옥상
☐ 148	送<ruby>送<rt>おく</rt></ruby>る ★	보내다
☐ 149	遅<ruby>遅<rt>おく</rt></ruby>れる ★	늦다
☐ 150	起<ruby>起<rt>お</rt></ruby>こす	일으키다

퀴즈1 적중 단어와 의미를 바르게 연결해 보세요.

① 多い　　・　　　　　　　・ A 태어나다

② 営業　　・　　　　　　　・ B 많다

③ 生まれる ・　　　　　　　・ C 영업

퀴즈2 다음 적중 단어를 히라가나로 올바르게 읽은 것을 고르세요.

① 起きる 일어나다　　　　　A いきる　　　　B おきる

② 運転 운전　　　　　　　　A どうてん　　　B うんてん

③ 海 바다　　　　　　　　　A はは　　　　　B うみ

JLPT 챌린지 ＿＿＿＿의 읽는 법으로 가장 알맞은 것을 1·2·3·4에서 하나 고르세요.

① レポートを 写さないで ください。 리포트를 베끼지 마세요.

1 けさないで　　　　　　　　2 おさないで

3 うつさないで　　　　　　　4 おとさないで

② ゆうびんで 手紙を 送ります。 우편으로 편지를 보냅니다.

1 おくります　　2 おります　　3 のります　　4 かえります

3분 퀴즈 챌린지 정답 체크

퀴즈1 ① B ② C ③ A　　　**퀴즈2** ① B ② B ③ B　　　**JLPT 챌린지** ① 3 ② 1

오늘의 적중 단어의 읽는 법과 의미를 외워봅시다!

☑ 외운 단어를 셀프 체크해 보세요.

	적중 단어	의미
☐ 151	行う ★	행하다
☐ 152	おこられる	야단맞다
☐ 153	おこる ★	화내다
☐ 154	おじいさん	할아버지
☐ 155	おしいれ	벽장
☐ 156	教える ★	가르치다
☐ 157	お知らせ	안내문, 공지
☐ 158	押す ★	밀다, 누르다
☐ 159	遅い	늦다
☐ 160	お宅	댁(상대방의 집을 높임말)

음원을 들으며 따라 읽어 보세요.

적중 단어	의미
☐ 161 お茶_{ちゃ}	차
☐ 162 落ちる ★	떨어지다
☐ 163 おつり ★	잔돈, 거스름돈
☐ 164 音	소리
☐ 165 お父さん	아버지
☐ 166 弟	남동생
☐ 167 男の子	남자아이
☐ 168 男の人 ★	남자
☐ 169 落とす ★	떨어뜨리다
☐ 170 おととい	그저께

あ

	적중 단어	의미
☐ 171	おととし	재작년
☐ 172	大人	어른
☐ 173	大人しい ★	얌전하다
☐ 174	おどる ★	춤추다
☐ 175	おどろく ★	놀라다
☐ 176	お腹	배(신체 부위)
☐ 177	同じだ ★	같다
☐ 178	お兄さん	형, 오빠
☐ 179	お姉さん	누나, 언니
☐ 180	お願い	부탁

적중 단어	의미
□ 181 おばあさん	할머니
□ 182 おはし	젓가락
□ 183 お風呂	목욕, 욕실
□ 184 お弁当	도시락
□ 185 覚える	외우다, 익히다
□ 186 おみまい ★	병문안
□ 187 おみやげ ★	기념품
□ 188 重い ★	무겁다
□ 189 思い出 ★	추억
□ 190 面白い	재미있다

	적중 단어	의미
☐ 191	親 おや	부모
☐ 192	親指 おやゆび ★	엄지손가락
☐ 193	泳ぐ およ ★	헤엄치다
☐ 194	降りる お	(탈 것에서) 내리다
☐ 195	折る お	접다
☐ 196	おれい ★	답례 인사, 답례 선물
☐ 197	終わる お ★	끝나다
☐ 198	音楽 おんがく	음악
☐ 199	女の子 おんな こ ★	여자아이
☐ 200	女の人 おんな ひと	여자

퀴즈1 적중 단어와 의미를 바르게 연결해 보세요.

① 覚える ・　　　　　　　　・ A 남동생

② 押す ・　　　　　　　　・ B 외우다, 익히다

③ 弟 ・　　　　　　　　・ C 밀다, 누르다

퀴즈2 다음 적중 단어를 히라가나로 올바르게 읽은 것을 고르세요.

① 行う 행하다　　　　　A おこなう　　　B いくなう

② 泳ぐ 헤엄치다　　　　A えいぐ　　　　B およぐ

③ 面白い 재미있다　　　A うるさい　　　B おもしろい

JLPT 챌린지 _____을 한자로 쓸 때 가장 알맞은 것을 1·2·3·4에서 하나 고르세요.

① 毎日 スマホで おんがくを 聞いて います。

매일 스마트폰으로 음악을 듣고 있습니다.

1 音楽　　　　2 意薬　　　　3 意楽　　　　4 音薬

② おもい ものは 家に 送って おいた。

무거운 물건은 집에 보내 두었다.

1 思い　　　　2 重い　　　　3 教い　　　　4 遅い

3분 퀴즈 챌린지 정답 체크

퀴즈1　①B②C③A　　　퀴즈2　①A②B③B　　　JLPT 챌린지　①1②2

오늘의 적중 단어 리스트

DAY 05 MP3

학습일: 월 일

 오늘의 적중 단어의 읽는 법과 의미를 외워봅시다!

☑ 외운 단어를 셀프 체크해 보세요.

적중 단어	의미
☐ 201 <ruby>海外<rt>かいがい</rt></ruby>	해외
☐ 202 <ruby>会議<rt>かいぎ</rt></ruby>	회의
☐ 203 <ruby>外国<rt>がいこく</rt></ruby> ★	외국
☐ 204 <ruby>会社<rt>かいしゃ</rt></ruby> ★	회사
☐ 205 <ruby>会社員<rt>かいしゃいん</rt></ruby>	회사원
☐ 206 <ruby>階段<rt>かいだん</rt></ruby>	계단
☐ 207 <ruby>開店<rt>かいてん</rt></ruby>	개점, 개업
☐ 208 <ruby>買<rt>か</rt></ruby>い<ruby>物<rt>もの</rt></ruby>	쇼핑
☐ 209 <ruby>会話<rt>かいわ</rt></ruby>	회화, 대화
☐ 210 <ruby>買<rt>か</rt></ruby>う ★	사다

	적중 단어	의미
☐ 211	返す	돌려주다, 반납하다
☐ 212	帰る ★	돌아가(오)다
☐ 213	顔 ★	얼굴
☐ 214	画家	화가
☐ 215	係り ★	담당
☐ 216	かかる ★	걸리다
☐ 217	かぎ	열쇠
☐ 218	書く ★	쓰다
☐ 219	かぐ ★	가구
☐ 220	学生	학생

か

		적중 단어	의미
☐	221	かさ	우산
☐	222	かざる ★	장식하다
☐	223	家事 <ruby>家<rt>か</rt></ruby><ruby>事<rt>じ</rt></ruby>	가사, 집안일
☐	224	火事 <ruby>火<rt>か</rt></ruby><ruby>事<rt>じ</rt></ruby>	화재
☐	225	貸す <ruby>貸<rt>か</rt></ruby>す ★	빌려주다
☐	226	かぜ	감기
☐	227	風 <ruby>風<rt>かぜ</rt></ruby> ★	바람
☐	228	数える <ruby>数<rt>かぞ</rt></ruby>える ★	(수를) 세다
☐	229	家族 <ruby>家<rt>か</rt></ruby><ruby>族<rt>ぞく</rt></ruby>	가족
☐	230	固い <ruby>固<rt>かた</rt></ruby>い	단단하다, 딱딱하다

음원을 들으며 따라 읽어 보세요.

적중 단어	의미
☐ 231 形 _{かたち}	모양, 형태
☐ 232 片付ける _{かた づ}	정리하다, 치우다
☐ 233 カタログ	카탈로그
☐ 234 かつ	이기다
☐ 235 学校 ★ _{がっこう}	학교
☐ 236 カッター ★	커터, 작은 칼
☐ 237 かど	모퉁이
☐ 238 悲しい _{かな}	슬프다
☐ 239 かならず ★	반드시
☐ 240 かばん	가방

		적중 단어	의미
☐	241	かぶる	(모자 등을) 쓰다
☐	242	かべ	벽
☐	243	髪	머리카락
☐	244	紙 ★	종이
☐	245	雷 ★	천둥
☐	246	かむ ★	씹다, 물다
☐	247	カメラ ★	카메라
☐	248	通う ★	다니다
☐	249	火よう日	화요일
☐	250	辛い	맵다

퀴즈1 적중 단어와 의미를 바르게 연결해 보세요.

① 会社(かいしゃ) ・　　　　　　　・ A 쓰다

② 帰(かえ)る ・　　　　　　　・ B 회사

③ 書(か)く ・　　　　　　　・ C 돌아가(오)다

퀴즈2 다음 적중 단어를 히라가나로 올바르게 읽은 것을 고르세요.

① 学校 학교　　　　　　A がっこう　　　B がくこう

② 紙 종이　　　　　　A かじ　　　B かみ

③ 数える 세다　　　　　　A かぞえる　　　B おしえる

JLPT 챌린지　＿＿＿을 한자로 쓸 때 가장 알맞은 것을 1·2·3·4에서 하나 고르세요.

① えんぴつを かして ください。　연필을 빌려주세요.

1 貸して　　　2 質して　　　3 貨して　　　4 資して

② わたしは バスで 会社に かよって います。

저는 버스로 회사에 다니고 있습니다.

1 通って　　　2 行って　　　3 待って　　　4 乗って

3분 퀴즈 챌린지 정답 체크

퀴즈1 ①B②C③A　　**퀴즈2** ①A②B③A　　**JLPT 챌린지** ①1②1

도전! 오늘의 적중 단어의 읽는 법과 의미를 외워봅시다!

☑ 외운 단어를 셀프 체크해 보세요.

적중 단어	의미
☐ 251 **カラオケ**	노래방
☐ 252 **ガラス**	유리
☐ 253 **体** ^{からだ} ★	몸
☐ 254 **借りる** ^か	빌리다
☐ 255 **軽い** ^{かる} ★	가볍다
☐ 256 **カレンダー**	캘린더, 달력
☐ 257 **川** ^{かわ} ★	강
☐ 258 **かわいい**	귀엽다
☐ 259 **かわく** ★	마르다
☐ 260 **考える** ^{かんが} ★	생각하다

음원을 들으며 따라 읽어 보세요.

적중 단어	의미
☐ 261 **かんごし**	간호사
☐ 262 **漢字** ★	한자
☐ 263 **簡単だ**	간단하다
☐ 264 **がんばる**	힘내다, 열심히 하다
☐ 265 **木**	나무
☐ 266 **きいろ**	노랑, 노란색
☐ 267 **きいろい**	노랗다
☐ 268 **消える**	꺼지다, 사라지다
☐ 269 **きかい** ★	기계
☐ 270 **聞く** ★	듣다, 묻다

か

	적중 단어	의미
☐ 271	危険だ ★ <small>き けん</small>	위험하다
☐ 272	聞こえる <small>き</small>	들리다
☐ 273	帰国 ★ <small>き こく</small>	귀국
☐ 274	きせつ	계절
☐ 275	北 ★ <small>きた</small>	북(쪽)
☐ 276	北口 <small>きたぐち</small>	북쪽 출구
☐ 277	きたない ★	더럽다, 지저분하다
☐ 278	喫茶店 <small>きっ さ てん</small>	찻집, 카페
☐ 279	きって ★	우표
☐ 280	きっぷ	표

음원을 들으며 따라 읽어 보세요.

적중 단어	의미
☐ 281 昨日（きのう）	어제
☐ 282 きびしい ★	엄격하다
☐ 283 気分（きぶん） ★	기분, 컨디션
☐ 284 決（き）まる ★	결정되다
☐ 285 決（き）める ★	결정하다
☐ 286 気持（きも）ち	기분, 마음
☐ 287 急行（きゅうこう）	급행
☐ 288 急（きゅう）に	갑자기
☐ 289 牛肉（ぎゅうにく）	소고기
☐ 290 牛乳（ぎゅうにゅう）	우유

か

	적중 단어	의미
☐ 291	今日 (きょう)	오늘
☐ 292	教育 (きょういく)	교육
☐ 293	教室 (きょうしつ)	교실
☐ 294	競争 (きょうそう)	경쟁
☐ 295	兄弟 (きょうだい)	형제
☐ 296	興味 (きょうみ)	흥미
☐ 297	去年 (きょねん)	작년
☐ 298	きらいだ	싫어하다
☐ 299	切る (き) ★	자르다
☐ 300	着る (き)	입다

퀴즈1 적중 단어와 의미를 바르게 연결해 보세요.

① 借りる・　　　　　　　　・ A 입다

② 聞く・　　　　　　　　・ B 듣다, 묻다

③ 着る・　　　　　　　　・ C 빌리다

퀴즈2 다음 적중 단어를 히라가나로 올바르게 읽은 것을 고르세요.

① 軽い 가볍다　　　　　A かるい　　　　B くろい

② 北 북(쪽)　　　　　　A みなみ　　　　B きた

③ 決まる 결정되다　　　A きまる　　　　B しまる

JLPT 챌린지 ＿＿＿＿의 읽는 법으로 가장 알맞은 것을 1·2·3·4에서 하나 고르세요.

① 肉を 切って ください。 고기를 잘라 주세요.

1 もって　　　2 あらって　　　3 きって　　　4 とって

② この 電車は 急行です。 이 전철은 급행입니다.

1 きゅうこう　2 きゅこう　　　3 きゅうこ　　　4 きゅこ

오늘의 적중 단어의 읽는 법과 의미를 외워봅시다!

☑ 외운 단어를 셀프 체크해 보세요.

	적중 단어	의미
☐ 301	**きれいだ**	깨끗하다, 예쁘다
☐ 302	**きんえん** ★	금연
☐ 303	**銀行**	은행
☐ 304	**近所** ★	근처
☐ 305	**金よう日** ★	금요일
☐ 306	**区** ★	구(행정 구역을 나누는 단위)
☐ 307	**具合**	형편, 상태
☐ 308	**空気**	공기
☐ 309	**空港** ★	공항
☐ 310	**草**	풀

적중 단어	의미
☐ 311 薬^{くすり} ★	약
☐ 312 薬屋^{くすりや}	약국
☐ 313 くだもの ★	과일
☐ 314 口^{くち}	입
☐ 315 くつ ★	신발, 구두
☐ 316 ぐっすり	푹, 깊은 잠든 모양
☐ 317 国^{くに} ★	나라, 고국
☐ 318 くばる	나눠주다
☐ 319 首^{くび}	목, 고개
☐ 320 雲^{くも} ★	구름

か

		적중 단어	의미
☐	321	くもり	흐림
☐	322	暗い ★	어둡다
☐	323	グラス ★	글라스, 유리컵
☐	324	クラブ	클럽, 동아리
☐	325	くらべる ★	비교하다
☐	326	くりかえす	반복하다, 되풀이하다
☐	327	来る ★	오다
☐	328	車 ★	자동차
☐	329	くれる	(다른 사람이 나에게) 주다
☐	330	黒	검정, 검정색

음원을 들으며 따라 읽어 보세요.

적중 단어	의미
☐ 331 黒い * (くろい)	까맣다
☐ 332 計画 * (けいかく)	계획
☐ 333 経験 * (けいけん)	경험
☐ 334 経済 (けいざい)	경제
☐ 335 けいさつ	경찰
☐ 336 ケーキ *	케이크
☐ 337 けが *	상처, 부상
☐ 338 今朝 * (けさ)	오늘 아침
☐ 339 景色 * (けしき)	경치, 풍경
☐ 340 消す * (けす)	끄다

か

	적중 단어	의미
☐ 341	結果 ★ けっ か	결과
☐ 342	けっこう	꽤, 제법
☐ 343	結婚 けっこん	결혼
☐ 344	月よう日 げつ　び	월요일
☐ 345	原因 げんいん	원인
☐ 346	けんか ★	싸움
☐ 347	見学 けんがく	견학
☐ 348	元気だ ★ げん き	건강하다
☐ 349	研究 ★ けんきゅう	연구
☐ 350	健康 けんこう	건강

퀴즈1 적중 단어와 의미를 바르게 연결해 보세요.

① 近所 · · A 근처

② 景色 · · B 경험

③ 経験 · · C 경치, 풍경

퀴즈2 다음 적중 단어를 히라가나로 올바르게 읽은 것을 고르세요.

① 薬 약 A らく B くすり

② 元気だ 건강하다 A かんきだ B げんきだ

③ 暗い 어둡다 A くらい B からい

JLPT 챌린지 _____의 읽는 법으로 가장 알맞은 것을 1·2·3·4에서 하나 고르세요.

① 空に 雲が たくさん ありました。 하늘에 구름이 많이 있었습니다.

1 ゆき 2 ほし 3 くも 4 とり

② 黒い シャツが ほしいです。 까만 셔츠가 갖고 싶습니다.

1 しろい 2 あかい 3 あおい 4 くろい

3분 퀴즈 챌린지 정답 체크

퀴즈1 ①A②C③B **퀴즈2** ①B②B③A **JLPT 챌린지** ①3②4

오늘의 적중 단어의 읽는 법과 의미를 외워봅시다!

☑ 외운 단어를 셀프 체크해 보세요.

		적중 단어	의미
☐	351	見物 ^{けんぶつ}	구경, 구경꾼
☐	352	公園 ^{こうえん}	공원
☐	353	合格 ^{ごうかく}	합격
☐	354	講義 ^{こうぎ}	강의
☐	355	工業 ^{こうぎょう}	공업
☐	356	高校 ^{こうこう}	고등학교
☐	357	広告 ^{こうこく}	광고
☐	358	交差点 ^{こうさてん}	교차점, 사거리
☐	359	工事 ^{こうじ} ★	공사
☐	360	工場 ^{こうじょう} ★	공장

적중 단어		의미
☐ 361	こうつう 交通 ★	교통
☐ 362	こうばん 交番	파출소
☐ 363	こう む いん 公務員	공무원
☐ 364	こえ 声 ★	목소리
☐ 365	コーヒー ★	커피
☐ 366	こおり 氷 ★	얼음
☐ 367	こくさい 国際	국제
☐ 368	ご ご 午後 ★	오후
☐ 369	こころ 心 ★	마음
☐ 370	こしょうする ★	고장나다

か

적중 단어	의미
☐ 371 午前 (ご ぜん)	오전
☐ 372 答える (こた) ★	대답하다
☐ 373 子ども (こ)	아이, 어린이
☐ 374 ご飯 (はん)	밥
☐ 375 コピー ★	복사
☐ 376 細かい (こま)	잘다, 자세하다
☐ 377 困る (こま)	곤란하다
☐ 378 ごみ	쓰레기
☐ 379 こむ ★	붐비다, 복잡하다
☐ 380 米 (こめ)	쌀

		적중 단어	의미
☐	381	怖い	무섭다
☐	382	壊す	고장내다, 부수다
☐	383	壊れる	고장나다, 부서지다
☐	384	今月	이번 달
☐	385	コンサート ★	콘서트
☐	386	今週	이번 주
☐	387	今度 ★	이번, 이 다음
☐	388	今晩	오늘 밤, 오늘 저녁
☐	389	コンビニ	편의점
☐	390	コンピューター	컴퓨터

	적중 단어	의미
☐ 391	今夜 ^{こんや} ★	오늘 밤
☐ 392	サービス ★	서비스
☐ 393	最近 ^{さいきん} ★	최근
☐ 394	最後 ^{さいご} ★	최후, 마지막
☐ 395	最初 ^{さいしょ} ★	최초, 처음
☐ 396	サイズ	사이즈
☐ 397	さいふ ★	지갑
☐ 398	材料 ^{ざいりょう}	재료
☐ 399	サイン ★	사인, 서명, 신호
☐ 400	探す ^{さが} ★	찾다

퀴즈1 적중 단어와 의미를 바르게 연결해 보세요.

① 氷こおり　・

② 細こまかい　・

③ 壊こわす　・

・A 고장내다, 부수다

・B 잘다, 자세하다

・C 얼음

퀴즈2 다음 적중 단어를 히라가나로 올바르게 읽은 것을 고르세요.

① 工場 공장　　　　　A くうじょう　　B こうじょう

② 今度 이번, 이 다음　A こんど　　　　B こんと

③ 探す 찾다　　　　　A おとす　　　　B さがす

JLPT 챌린지　　　　의 읽는 법으로 가장 알맞은 것을 1·2·3·4에서 하나 고르세요.

① 結果は　最後に　教えて　あげます。　결과는 마지막에 가르쳐주겠습니다.

1 さいご　　　2 さいきん　　　3 さいしょ　　　4 ざいご

② 今月は、一度も　コーヒーを　のまなかった。

이번 달은 한 번도 커피를 마시지 않았다.

1 こんがつ　　　2 こんげつ　　　3 いまつき　　　4 こんしゅう

3분 퀴즈 챌린지 정답 체크

퀴즈1 ①C②B③A　　**퀴즈2** ①B②A③B　　**JLPT 챌린지** ①1②

DAY 09 오늘의 적중 단어 리스트

DAY 09 MP3

학습일 · 월 일

 도전! 오늘의 적중 단어의 읽는 법과 의미를 외워봅시다!

☑ 외운 단어를 셀프 체크해 보세요.

	적중 단어	의미
☐ 401	魚 (さかな) ★	생선
☐ 402	さかんだ	활발하다, 번창하다
☐ 403	先に (さきに)	먼저
☐ 404	咲く (さく) ★	(꽃이) 피다
☐ 405	作文 (さくぶん)	작문
☐ 406	さす ★	(우산을) 쓰다
☐ 407	さそい	권유, 유혹
☐ 408	さそう ★	권유하다
☐ 409	サッカー	축구
☐ 410	さっき	조금 전에, 아까

적중 단어	의미
☐ 411 **ざっし**	잡지
☐ 412 **さとう** ★	설탕
☐ 413 **さびしい**	쓸쓸하다
☐ 414 **寒い** ★ <ruby>寒<rt>さむ</rt></ruby>い	춥다
☐ 415 **皿** <ruby>皿<rt>さら</rt></ruby>	접시
☐ 416 **再来年** <ruby>再来年<rt>さらいねん</rt></ruby>	내후년
☐ 417 **サラダ**	샐러드
☐ 418 **さわぐ** ★	떠들다
☐ 419 **さわる** ★	만지다, 손을 대다
☐ 420 **参加** <ruby>参加<rt>さんか</rt></ruby>	참가

		적중 단어	의미
☐	421	**さんせい** ★	찬성
☐	422	**サンドイッチ**	샌드위치
☐	423	**残念だ** ★	유감스럽다
☐	424	**さんぽ** ★	산책
☐	425	**字** ★	글씨
☐	426	**試合** ★	경기, 시합
☐	427	**塩**	소금
☐	428	**叱る**	혼내다
☐	429	**時間**	시간
☐	430	**試験**	시험

음원을 들으며 따라 읽어 보세요.

	적중 단어	의미
☐ 431	事故 じ こ	사고
☐ 432	仕事 し ごと	일
☐ 433	辞書 じ しょ	사전
☐ 434	静かだ ★ しず	조용하다
☐ 435	下 ★ した	아래
☐ 436	時代 じ だい	시대
☐ 437	試着 し ちゃく	피팅, 입어 봄
☐ 438	失敗 しっ ぱい	실패
☐ 439	質問 しつ もん	질문
☐ 440	失礼 しつ れい	실례, 예의가 없음

さ

	적중 단어	의미
☐ 441	自転車 ★ <small>じ てんしゃ</small>	자전거
☐ 442	自動車 ★ <small>じ どうしゃ</small>	자동차
☐ 443	品物 <small>しなもの</small>	물품, 물건
☐ 444	死ぬ <small>し</small>	죽다
☐ 445	自分 ★ <small>じ ぶん</small>	자기, 자신
☐ 446	閉まる <small>し</small>	닫히다
☐ 447	事務所 <small>じ む しょ</small>	사무소
☐ 448	しめる	매다
☐ 449	閉める ★ <small>し</small>	닫다
☐ 450	社員 <small>しゃいん</small>	사원

퀴즈1 적중 단어와 의미를 바르게 연결해 보세요.

① 字 ・   ・ A 쓸쓸하다

② 咲く ・   ・ B (꽃이) 피다

③ さびしい ・   ・ C 글씨

퀴즈2 다음 적중 단어를 히라가나로 올바르게 읽은 것을 고르세요.

① 静かだ 조용하다   A せいかだ   B しずかだ

② 閉める 닫다   A さめる   B しめる

③ 品物 물품, 물건   A ひんもの   B しなもの

JLPT 챌린지 _____을 한자로 쓸 때 가장 알맞은 것을 1·2·3·4에서 하나 고르세요.

① 来週 サッカーの しあいが あります。

다음 주에 축구 경기가 있습니다.

1 試会   2 誠合   3 試合   4 誠会

② さんせい する 人が いなくて ざんねんです。

찬성하는 사람이 없어서 유감스럽습니다.

1 試験   2 失礼   3 事故   4 残念

3분 퀴즈 챌린지 정답 체크

퀴즈1 ①C②B③A   퀴즈2 ①B②B③B   JLPT 챌린지 ①3②4

오늘의 적중 단어의 읽는 법과 의미를 외워봅시다!

☑ 외운 단어를 셀프 체크해 보세요.

		적중 단어	의미
☐	451	しゃしん 写真	사진
☐	452	しゃちょう 社長	사장(님)
☐	453	ジャム	잼
☐	454	シャワー ★	샤워
☐	455	じ ゆう 自由 ★	자유
☐	456	しゅうかん 習慣	습관
☐	457	じゅうしょ 住所 ★	주소
☐	458	ジュース	주스
☐	459	じゅうぶん 十分だ ★	충분하다
☐	460	じゅぎょう 授業 ★	수업

2회 3회

음원을 들으며 따라 읽어 보세요.

	적중 단어	의미
☐ 461	宿題 しゅくだい	숙제
☐ 462	出席 しゅっせき	출석
☐ 463	出発 ★ しゅっぱつ	출발
☐ 464	趣味 しゅみ	취미
☐ 465	しゅんかん ★	순간
☐ 466	じゅんび ★	준비
☐ 467	紹介 しょうかい	소개
☐ 468	小学校 しょうがっこう	초등학교
☐ 469	上手だ じょうず	잘하다, 능숙하다
☐ 470	小説 ★ しょうせつ	소설

さ

제1장 DAY 10 오늘의 적중 단어 73

	적중 단어	의미
☐ 471	しょうたい ★	초대
☐ 472	商品 (しょうひん)	상품
☐ 473	丈夫だ (じょうぶだ)	튼튼하다
☐ 474	情報 (じょうほう)	정보
☐ 475	しょうゆ	간장
☐ 476	将来 (しょうらい)	장래, 미래
☐ 477	食事 (しょくじ) ★	식사
☐ 478	食堂 (しょくどう) ★	식당
☐ 479	食品 (しょくひん)	식품
☐ 480	植物 (しょくぶつ)	식물

	적중 단어	의미
☐ 481	食料品 しょくりょうひん ★	식료품
☐ 482	女性 じょせい ★	여성, 여자
☐ 483	しょるい	서류
☐ 484	調べる しら ★	조사하다
☐ 485	知る し	알다
☐ 486	白 しろ	하양, 하얀색
☐ 487	白い しろ ★	하얗다
☐ 488	信号 しんごう	신호
☐ 489	人口 じんこう ★	인구
☐ 490	親切だ しんせつ ★	친절하다

さ

	적중 단어	의미
☐ 491	心配 ^{しんぱい} ★	걱정, 근심
☐ 492	新聞 ^{しんぶん} ★	신문
☐ 493	水泳 ^{すいえい}	수영
☐ 494	すいか	수박
☐ 495	スイッチ ★	스위치
☐ 496	水道 ^{すいどう} ★	수도, 상수도
☐ 497	水よう日 ^{すい} ^び	수요일
☐ 498	すう ★	(담배를) 피우다
☐ 499	スーツ	양복, 슈트
☐ 500	スーパー ★	슈퍼

퀴즈1 적중 단어와 의미를 바르게 연결해 보세요.

① 心配 •
② 調べる •
③ 親切だ •

• A 조사하다
• B 걱정, 근심
• C 친절하다

퀴즈2 다음 적중 단어를 히라가나로 올바르게 읽은 것을 고르세요.

① 新聞 신문　　　　　A しんぶん　　　B しんもん

② 水道 수도　　　　　A みずみち　　　B すいどう

③ 白い 하얗다　　　　A しらい　　　　B しろい

JLPT 챌린지 ＿＿＿의 읽는 법으로 가장 알맞은 것을 1·2·3·4에서 하나 고르세요.

① 午後 ５時に 出発します. 오후 5시에 출발합니다.

1 でたつ　　　2 しゅっぱつ　　　3 しゅうたつ　　　4 ではつ

② 授業は 十分 うけました. 수업은 충분히 받았습니다.

1 じゅぶん　　　2 ちゅうぶん　　　3 じゅうぶん　　　4 ちゅぶん

3분 퀴즈 챌린지 정답 체크

퀴즈1 ①B②A③C　　퀴즈2 ①A②B③B　　JLPT 챌린지 ①2②3

오늘의 적중 단어의 읽는 법과 의미를 외워봅시다!

☑ 외운 단어를 셀프 체크해 보세요.

적중 단어	의미
☐ 501　スープ	수프
☐ 502　好^すきだ ★	좋아하다
☐ 503　すぐ	금방, 곧
☐ 504　少^{すく}ない ★	적다
☐ 505　すぐに ★	바로, 즉시
☐ 506　すごい	굉장하다
☐ 507　すこし	조금, 약간
☐ 508　すずしい ★	시원하다, 선선하다
☐ 509　進^{すす}む ★	나아가다, 진행되다
☐ 510　スタート	스타트, 시작

음원을 들으며 따라 읽어 보세요.

적중 단어	의미
☐ 511 **ずっと** ★	훨씬
☐ 512 **ステーキ**	스테이크
☐ 513 **すてる**	버리다
☐ 514 **ストレス**	스트레스
☐ 515 **すな** ★	모래
☐ 516 **ズボン** ★	바지
☐ 517 **スマホ**	스마트폰
☐ 518 **住む** ★	살다
☐ 519 **座る**	앉다
☐ 520 **背**	키

さ

	적중 단어		의미
☐	521	生活 せいかつ	생활
☐	522	成功 せいこう	성공
☐	523	生産 せいさん ★	생산
☐	524	せいひん	제품
☐	525	セーター	스웨터
☐	526	セール	세일
☐	527	世界 せ かい ★	세계
☐	528	世界中 せ かいじゅう ★	전 세계
☐	529	席 せき	자리, 좌석
☐	530	セット	세트

	적중 단어	의미
☐ 531	説明 せつめい ★	설명
☐ 532	背中 せ なか	등
☐ 533	ぜひ ★	부디, 제발, 꼭
☐ 534	せまい ★	좁다
☐ 535	せわ ★	보살핌, 신세
☐ 536	先日 せんじつ	요전, 얼마 전
☐ 537	先生 せんせい ★	선생님
☐ 538	ぜんぜん～ない ★	전혀 ~않다
☐ 539	洗濯 せんたく ★	세탁
☐ 540	センチ ★	센티(미터)

さ

	적중 단어	의미
☐ 541	**せんぱい** ★	선배
☐ 542	**そうじ** ★	청소
☐ 543	**そうだん** ★	상담
☐ 544	**育てる** ★ そだ	키우다
☐ 545	**卒業** そつぎょう	졸업
☐ 546	**外** ★ そと	밖
☐ 547	**そば**	곁, 옆
☐ 548	**そば**	메밀국수
☐ 549	**祖父** そ ふ	(나의) 할아버지, 조부
☐ 550	**ソファ**	소파

퀴즈1 적중 단어와 의미를 바르게 연결해 보세요.

① せわ • 　　　　　• A 보살핌, 신세

② 住む • 　　　　　• B 청소

③ そうじ • 　　　　• C 살다

퀴즈2 다음 적중 단어를 히라가나로 올바르게 읽은 것을 고르세요.

① 生活 생활 　　　　A せんかつ 　　　B せいかつ

② 世界中 전 세계 　　A せかいじゅう 　B せかいちゅう

③ 進む 나아가다, 진행되다 　A すすむ 　　　B やすむ

JLPT 챌린지 ＿＿＿의 읽는 법으로 가장 알맞은 것을 1·2·3·4에서 하나 고르세요.

① 家で 大きい 木を 育てて います。

집에서 큰 나무를 키우고 있습니다.

1 すてて 　　　2 たてて 　　　3 そだてて 　　　4 あわてて

② 答えた 人は 座っても いいです。 대답한 사람은 앉아도 됩니다.

1 おわっても 　2 すわっても 　3 かえっても 　4 しめっても

3분 퀴즈 챌린지 정답 체크

퀴즈1 ①A②C③B 　　　**퀴즈2** ①B②A③A 　　　**JLPT 챌린지** ①3②2

오늘의 적중 단어의 읽는 법과 의미를 외워봅시다!

☑ 외운 단어를 셀프 체크해 보세요.

		적중 단어	의미
☐	551	ソフト	소프트, 부드러움
☐	552	祖母 ^{そ ぼ}	(나의) 할머니, 조모
☐	553	空 ^{そら} ★	하늘
☐	554	そろそろ	이제 곧, 슬슬
☐	555	ダイエット	다이어트
☐	556	大学 ^{だいがく}	대학교
☐	557	大事だ ^{だい じ}	중요하다, 소중하다
☐	558	大事に ^{だい じ} ★	소중히
☐	559	大丈夫だ ^{だいじょう ぶ}	괜찮다
☐	560	大切だ ^{たいせつ} ★	소중하다, 중요하다

	적중 단어	의미
☐ 561	台所 ^{だいどころ}	부엌
☐ 562	タイプ	타입
☐ 563	台風 ^{たいふう}	태풍
☐ 564	大変だ ^{たいへん}	힘들다
☐ 565	タオル	타월, 수건
☐ 566	たおれる ★	쓰러지다
☐ 567	高い ^{たか} ★	높다, 비싸다
☐ 568	出す ^だ ★	내놓다, 제출하다
☐ 569	たずねる	방문하다, 여쭙다
☐ 570	立つ ^た ★	일어서다

た

	적중 단어	의미
☐ 571	建^たつ	세워지다
☐ 572	建物^{たてもの}	건물
☐ 573	建^たてる ★	짓다, 세우다
☐ 574	楽^{たの}しい ★	즐겁다
☐ 575	楽^{たの}しみ	즐거움, 기대
☐ 576	頼^{たの}む ★	부탁하다, 주문하다
☐ 577	食^たべ物^{もの}	음식
☐ 578	食^たべる ★	먹다
☐ 579	たまご	계란
☐ 580	たまねぎ	양파

적중 단어	의미
☐ 581 **だめだ**	소용없다, 그르다
☐ 582 **足りない**	부족하다
☐ 583 **足りる** ★	충분하다
☐ 584 **たんじょうび** ★	생일
☐ 585 **ダンス**	댄스
☐ 586 **男性** ★	남성, 남자
☐ 587 **だんだん** ★	점점, 순조롭게
☐ 588 **だんぼう**	난방
☐ 589 **小さい** ★	작다
☐ 590 **チーズ**	치즈

た

☑ 외운 단어를 셀프 체크해 보세요.

		적중 단어	의미
☐	591	**チェック** ★	체크
☐	592	**地下** ★	지하
☐	593	**近い** ★	가깝다
☐	594	**違う**	다르다
☐	595	**地下鉄**	지하철
☐	596	**力**	힘
☐	597	**チケット** ★	티켓
☐	598	**ちこく** ★	지각
☐	599	**地図** ★	지도
☐	600	**父** ★	(나의) 아빠, 아버지

퀴즈1 적중 단어와 의미를 바르게 연결해 보세요.

① 建つ ・　　　　　　　　　 ・ A 부엌

② 足りる ・　　　　　　　　 ・ B 세워지다

③ 台所 ・　　　　　　　　　 ・ C 충분하다

퀴즈2 다음 적중 단어를 히라가나로 올바르게 읽은 것을 고르세요.

① 地図 지도　　　　　　　 A じと　　　　　 B ちず

② 頼む 부탁하다, 주문하다　 A たのむ　　　　 B よむ

③ 大事に 소중히　　　　　 A だいじに　　　 B たいじに

JLPT 챌린지 _____의 읽는 법으로 가장 알맞은 것을 1·2·3·4에서 하나 고르세요.

① 昨日は とても 楽しかったですね。 어제는 매우 재있었죠.

1 たのしかった　　　　　　　 2 すずしかった

3 かなしかった　　　　　　　 4 いそがしかった

② 近い ところは いつも 地下鉄で いきます。

가까운 곳은 언제나 지하철로 갑니다.

1 とおい　　　 2 ちがい　　　 3 おおい　　　 4 ちかい

3분 퀴즈 챌린지 정답 체크

퀴즈1 ①B②C③A　　　 **퀴즈2** ①B②A③A　　　 **JLPT 챌린지** ①1②4

오늘의 적중 단어 리스트

DAY 13 MP3

학습일 :　　월　　일

 오늘의 적중 단어의 읽는 법과 의미를 외워봅시다!

☑ 외운 단어를 셀프 체크해 보세요.

	적중 단어	의미
☐ 601	<ruby>父親<rt>ちちおや</rt></ruby>	부친, 아버지
☐ 602	チップ	팁
☐ 603	<ruby>茶色<rt>ちゃいろ</rt></ruby>	갈색
☐ 604	チャンス ★	찬스, 기회
☐ 605	<ruby>注意<rt>ちゅうい</rt></ruby> ★	주의
☐ 606	<ruby>中学校<rt>ちゅうがっこう</rt></ruby>	중학교
☐ 607	<ruby>中止<rt>ちゅうし</rt></ruby> ★	중지
☐ 608	<ruby>駐車場<rt>ちゅうしゃじょう</rt></ruby>	주차장
☐ 609	<ruby>注文<rt>ちゅうもん</rt></ruby>	주문
☐ 610	ちょうど ★	마침, 꼭

적중 단어	의미
☐ 611 **ちょきん** ★	저금
☐ 612 **チョコレート** ★	초콜릿
☐ 613 **ちょっと** ★	좀, 잠깐
☐ 614 **地理** ★	지리
☐ 615 **使う** ★	사용하다
☐ 616 **捕まえる**	붙잡다
☐ 617 **疲れる**	지치다, 피곤하다
☐ 618 **月**	달
☐ 619 **つく**	켜지다
☐ 620 **着く** ★	도착하다

た

		적중 단어	의미
☐	621	つくえ ★	책상
☐	622	作る _{つく} ★	만들다
☐	623	つける ★	붙이다, 켜다
☐	624	都合 _{つ ごう} ★	형편, 사정
☐	625	伝える _{つた} ★	전달하다, 알리다
☐	626	つつむ ★	싸다, 포장하다
☐	627	勤める _{つと}	근무하다, 일하다
☐	628	つまらない ★	시시하다, 재미없다
☐	629	冷たい _{つめ} ★	차갑다
☐	630	強い _{つよ} ★	세다, 강하다

음원을 들으며 따라 읽어 보세요.

적중 단어	의미
☐ 631 手 * て	손
☐ 632 ていねいだ *	공손하다, 정중하다
☐ 633 ていねいに *	정성껏
☐ 634 テーブル	테이블
☐ 635 出かける で	외출하다, 나가다
☐ 636 手紙 * て がみ	편지
☐ 637 テキスト	텍스트, 교과서
☐ 638 できる	가능하다, 생기다
☐ 639 出口 で ぐち	출구
☐ 640 テスト	테스트, 시험

た

☑ 외운 단어를 셀프 체크해 보세요.

적중 단어	의미
☐ 641 手伝う ★ て つだ	돕다
☐ 642 デパート	백화점
☐ 643 てぶくろ	장갑
☐ 644 寺 ★ てら	절
☐ 645 出る ★ で	나가(오)다
☐ 646 店員 ★ てんいん	점원
☐ 647 天気 ★ てん き	날씨
☐ 648 電気 でん き	전기, 전등
☐ 649 天気予報 ★ てん き よ ほう	일기예보
☐ 650 電車 ★ でんしゃ	전철

퀴즈1 적중 단어와 의미를 바르게 연결해 보세요.

① 寺
てら ・   ・ A 절

② 作る
つく ・   ・ B 차갑다

③ 冷たい
つめ ・   ・ C 만들다

퀴즈2 다음 적중 단어를 히라가나로 올바르게 읽은 것을 고르세요.

① 都合 형편, 사정   A とあい   B つごう

② 手伝う 돕다   A てつだう   B であう

③ 出口 출구   A でくち   B でぐち

JLPT 챌린지 _____의 읽는 법으로 가장 알맞은 것을 1·2·3·4에서 하나 고르세요.

① <u>天気予報</u>に よると、 午後から 雨だそうです。

일기예보에 의하면 오후부터 비가 내린다고 한다.

1 てんきよほ   2 でんきよほう

3 てんきよほう   4 でんきよほ

② <u>注文</u>した おかしが こなくて 困っている。

주문한 과자가 오지 않아 곤란해하고 있다.

1 ちゅうもん   2 しゅぶん   3 ちゅうぶん   4 じゅうもん

3분 퀴즈 챌린지 정답 체크

퀴즈1 A② C③ B   **퀴즈2** ① B② A③ B   **JLPT 챌린지** ① 3② 1

오늘의 적중 단어의 읽는 법과 의미를 외워봅시다!

☑ 외운 단어를 셀프 체크해 보세요.

	적중 단어	의미
☐ 651	でんわ 電話 ★	전화
☐ 652	ドア	문
☐ 653	どう	어떻게
☐ 654	どうして	어째서, 왜
☐ 655	どうぶつ 動物 ★	동물
☐ 656	どうぶつえん 動物園	동물원
☐ 657	どうやって	어떻게
☐ 658	とお 遠い ★	멀다
☐ 659	とお 通る ★	통하다, 지나가다
☐ 660	と かい 都会 ★	도시

적중 단어	의미
☐ 661 時 _{とき}	때
☐ 662 時々 _{ときどき}	때때로, 가끔
☐ 663 どきどき	두근두근
☐ 664 とくに ★	특히
☐ 665 特別だ _{とくべつ} ★	특별하다
☐ 666 時計 _{と けい} ★	시계
☐ 667 ところ ★	곳
☐ 668 図書館 _{と しょかん} ★	도서관
☐ 669 閉じる _と ★	(눈을) 감다, 닫히다
☐ 670 とちゅう ★	도중

た

		적중 단어	의미
☐	671	特急^{とっきゅう} ★	특급
☐	672	とどく ★	닿다, 도착하다
☐	673	とどける	보내다
☐	674	となり	옆, 이웃
☐	675	飛^とぶ	날다
☐	676	止^とまる	멈추다
☐	677	泊^とまる	숙박하다, 머무르다
☐	678	止^とめる	멈추다
☐	679	友^{とも}だち	친구(들)
☐	680	土^どよう日^び	토요일

적중 단어	의미
☐ 681 ドライブ	드라이브
☐ 682 鳥 ★ とり	새
☐ 683 とりかえる ★	바꾸다, 교환하다
☐ 684 撮る と	찍다
☐ 685 なおる ★	고쳐지다, 낫다
☐ 686 中 ★ なか	안, 속
☐ 687 長い ★ なが	길다
☐ 688 なかなか〜ない ★	좀처럼 ~않다
☐ 689 泣く な	울다
☐ 690 なくす	잃다, 없애다

な

☑ 외운 단어를 셀프 체크해 보세요.

		적중 단어	의미
☐	691	なぜ	어째서, 왜
☐	692	夏 ★	여름
☐	693	夏休み	여름 방학
☐	694	名前 ★	이름
☐	695	習う ★	배우다
☐	696	ならぶ	줄 서다, 늘어서다
☐	697	ならべる	줄을 세우다, 늘어놓다
☐	698	なる ★	(벨 등이) 울리다
☐	699	なれる ★	익숙해지다
☐	700	にあう ★	어울리다

퀴즈1 적중 단어와 의미를 바르게 연결해 보세요.

① にあう ・ ・ A 배우다

② とどける ・ ・ B 보내다

③ 習^{なら}う ・ ・ C 어울리다

퀴즈2 다음 적중 단어를 히라가나로 올바르게 읽은 것을 고르세요.

① 電話 전화 A でんわ B てんわ

② 時計 시계 A じけい B とけい

③ 都会 도시 A とあい B とかい

JLPT 챌린지 _____의 읽는 법으로 가장 알맞은 것을 1·2·3·4에서 하나 고르세요.

① にもつは はこの 中に あります。 짐은 상자 안에 있습니다.

1 よこ 2 そと 3 なか 4 そば

② いろいろな 色の 鳥が いる。 여러가지 색의 새가 있다.

1 とり 2 ねこ 3 いぬ 4 とら

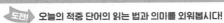

도전! 오늘의 적중 단어의 읽는 법과 의미를 외워봅시다!

☑ 외운 단어를 셀프 체크해 보세요.

	적중 단어	의미
☐ 701	におい	냄새
☐ 702	苦い ★	(맛이) 쓰다
☐ 703	にぎやかだ	떠들썩하다, 번화하다
☐ 704	肉	고기
☐ 705	にこにこ ★	생글생글, 싱글벙글
☐ 706	西 ★	서(쪽)
☐ 707	西口	서쪽 출구
☐ 708	二台 ★	두 대
☐ 709	日よう日	일요일
☐ 710	日記 ★	일기

음원을 들으며 따라 읽어 보세요.

		적중 단어	의미
☐	711	にゅういん 入院 ★	입원
☐	712	にゅうがく 入学	입학
☐	713	ニュース	뉴스
☐	714	に 似る ★	닮다
☐	715	にわ 庭	정원, 마당
☐	716	にん き 人気 ★	인기
☐	717	ぬぐ ★	벗다
☐	718	ぬる	바르다, 칠하다
☐	719	ぬるい	미지근하다
☐	720	ぬれる ★	젖다

な

	적중 단어	의미
☐ 721	ネクタイ	넥타이
☐ 722	ねこ ★	고양이
☐ 723	ねだん ★	가격
☐ 724	ねつ ★	열
☐ 725	ネックレス	목걸이
☐ 726	ねっしんに ★	열심히
☐ 727	ねぼう ★	늦잠
☐ 728	眠い^{ねむ} ★	졸리다, 자다
☐ 729	寝る^ね	자다, 눕다
☐ 730	眠る^{ねむ} ★	자다, 잠들다

음원을 들으며 따라 읽어 보세요.

적중 단어	의미
☐ 731 ノート	노트
☐ 732 残る	남다
☐ 733 のど ★	목, 목구멍
☐ 734 伸びる	자라다, 늘어지다
☐ 735 登る	(산을) 오르다
☐ 736 飲む ★	마시다
☐ 737 のりかえる ★	갈아타다, 환승하다
☐ 738 乗る ★	타다
☐ 739 歯	이, 치아
☐ 740 は	잎, 잎사귀

は

	적중 단어	의미
☐ 741	パーティー	파티
☐ 742	パート	파트, 시간제 근무
☐ 743	バイク	오토바이
☐ 744	はいたつ	배달
☐ 745	売店 ばいてん	매점
☐ 746	入る はい ★	들어가(오)다
☐ 747	はがき ★	엽서
☐ 748	はく	쓸다
☐ 749	はく ★	신다, (바지 등을) 입다
☐ 750	博物館 はくぶつかん	박물관

퀴즈1 적중 단어와 의미를 바르게 연결해 보세요.

① 日記 ·
② 飲む ·
③ のりかえる ·

· A 마시다
· B 환승하다
· C 일기

퀴즈2 다음 적중 단어를 히라가나로 올바르게 읽은 것을 고르세요.

① 入る 들어가(오)다 　　A いれる 　　B はいる

② 残る 남다 　　A のる 　　B のこる

③ 人気 인기 　　A いんき 　　B にんき

JLPT 챌린지 ＿＿＿의 읽는 법으로 가장 알맞은 것을 1·2·3·4에서 하나 고르세요.

① それは 今も 苦い 思い出に なっている。

그것은 지금도 씁쓸한 추억으로 되어 있다.

1 にがい 　　　2 くるしい 　　　3 かるい 　　　4 くらい

② 日よう日の 午後、西口で 会う ことにした。

일요일 오후, 서쪽 출구에서 만나기로 했다.

1 さいこう 　　2 ひがしぐち 　　3 にしぐち 　　4 きたぐち

3분 퀴즈 챌린지 정답 체크

퀴즈1 ①C②A③B 　　퀴즈2 ①B②B③B 　　JLPT 챌린지 ①1②3

오늘의 적중 단어의 읽는 법과 의미를 외워봅시다!

☑ 외운 단어를 셀프 체크해 보세요.

적중 단어	의미
☐ 751 <ruby>運<rt>はこ</rt></ruby>ぶ ★	옮기다, 운반하다
☐ 752 はし	다리(시설물)
☐ 753 <ruby>始<rt>はじ</rt></ruby>まる	시작되다
☐ 754 はじめて	처음
☐ 755 <ruby>始<rt>はじ</rt></ruby>める ★	시작하다
☐ 756 <ruby>場所<rt>ばしょ</rt></ruby> ★	장소
☐ 757 <ruby>走<rt>はし</rt></ruby>る ★	달리다
☐ 758 バス	버스
☐ 759 はずかしい	부끄럽다
☐ 760 バスケットボール	농구

	적중 단어	의미
☐ 761	パスタ	파스타
☐ 762	パソコン	퍼스널 컴퓨터
☐ 763	働く ★	일하다
☐ 764	発音	발음
☐ 765	花 ★	꽃
☐ 766	鼻	코
☐ 767	話	이야기
☐ 768	話す ★	이야기하다
☐ 769	バナナ ★	바나나
☐ 770	花火	불꽃놀이

は

	적중 단어	의미
☐ 771	母 (はは)	(나의) 엄마, 어머니
☐ 772	母親 (ははおや) ★	모친, 어머니
☐ 773	速い (はやい) ★	(속도가) 빠르다
☐ 774	早い (はやい)	이르다, 빠르다
☐ 775	林 (はやし) ★	숲, 수풀
☐ 776	払う (はらう) ★	지불하다
☐ 777	春 (はる) ★	봄
☐ 778	はる ★	붙이다
☐ 779	バレーボール	배구
☐ 780	はれる ★	맑다, 개다

적중 단어	의미
☐ 781 <ruby>晩<rt>ばん</rt></ruby> ★	밤, 저녁때
☐ 782 <ruby>反対<rt>はんたい</rt></ruby> ★	반대
☐ 783 パンツ	바지, 팬티
☐ 784 <ruby>半年<rt>はんとし</rt></ruby>(=はんねん)	반년
☐ 785 ハンバーガー	햄버거
☐ 786 <ruby>半分<rt>はんぶん</rt></ruby> ★	반, 절반
☐ 787 <ruby>火<rt>ひ</rt></ruby>	불
☐ 788 ピアノ	피아노
☐ 789 ビール	맥주
☐ 790 ひえる ★	식다, 차가워지다

は

	적중 단어	의미
☐ 791	東^{ひがし} ★	동(쪽)
☐ 792	東口^{ひがしぐち}	동쪽 출구
☐ 793	光^{ひか}る ★	빛나다
☐ 794	引^ひく ★	당기다
☐ 795	ひく ★	연주하다, 켜다, 치다
☐ 796	低^{ひく}い	낮다, (키가) 작다
☐ 797	ひげ ★	수염
☐ 798	飛行機^{ひこうき}	비행기
☐ 799	美術館^{びじゅつかん}	미술관
☐ 800	非常^{ひじょう}に	상당히

퀴즈1 적중 단어와 의미를 바르게 연결해 보세요.

① 引く ·   · A 당기다

② 速い ·   · B (속도가) 빠르다

③ 運ぶ ·   · C 옮기다, 운반하다

퀴즈2 다음 적중 단어를 히라가나로 올바르게 읽은 것을 고르세요.

① 光る 빛나다   A はしる   B ひかる

② 働く 일하다   A うごく   B はたらく

③ 場所 장소   A ばしょ   B ばしょう

JLPT 챌린지 _____의 읽는 법으로 가장 알맞은 것을 1·2·3·4에서 하나 고르세요.

① 彼女の 意見に 反対です。 그녀의 의견에 반대합니다.

1 はんたい   2 ほんだい   3 はんだい   4 ほんたい

② 美術館に きれいな 花が 咲いています。

미술관에 예쁜 꽃이 피어 있습니다.

1 びじゅかん   2 びじゅつかん

3 ひじゅかん   4 ひじゅつかん

3분 퀴즈 챌린지 정답 체크

퀴즈1 ①A ②B ③C   **퀴즈2** ①B ②B ③A   **JLPT 챌린지** ①1 ②2

도전! 오늘의 적중 단어의 읽는 법과 의미를 외워봅시다!

☑ 외운 단어를 셀프 체크해 보세요.

적중 단어	의미
☐ 801 左 ^{ひだり} ★	왼쪽
☐ 802 びっくりする	깜짝 놀라다
☐ 803 ひっこし ★	이사
☐ 804 ひっこす ★	이사하다
☐ 805 必要 ^{ひつよう} ★	필요
☐ 806 ひまだ ★	한가하다
☐ 807 病院 ^{びょういん} ★	병원
☐ 808 病気 ^{びょうき}	병
☐ 809 昼 ^{ひる} ★	낮, 점심
☐ 810 ビル	빌딩

음원을 들으며 따라 읽어 보세요.

적중 단어	의미
☐ 811 昼ご飯 ★ ひる はん	점심 식사, 점심밥
☐ 812 昼間 ひる ま	낮, 주간
☐ 813 昼休み ひるやす	점심 시간
☐ 814 広い ひろ	넓다
☐ 815 ひろう ★	줍다
☐ 816 ファイル	파일
☐ 817 プール ★	수영장
☐ 818 増える ★ ふ	늘다
☐ 819 深い ふか	깊다
☐ 820 ふく ★	(바람이) 불다

は

적중 단어	의미
☐ 821 服 ふく	옷
☐ 822 ふくざつだ	복잡하다
☐ 823 ふくしゅう	복습
☐ 824 太い ふと	굵다
☐ 825 ぶどう	포도
☐ 826 太る ふと	살찌다
☐ 827 船 ★ ふね	배(이동 수단)
☐ 828 不便だ ★ ふ べん	불편하다
☐ 829 ふまれる	밟히다
☐ 830 ふむ	밟다

		적중 단어	의미
☐	831	冬 ★	겨울
☐	832	冬休み	겨울 방학
☐	833	ふりこみ	입금, 납입
☐	834	降る	(비, 눈 등이) 내리다
☐	835	古い ★	오래되다
☐	836	プレゼント	선물
☐	837	文法	문법
☐	838	ページ	페이지
☐	839	下手だ	못하다, 서툴다
☐	840	ペット	애완동물

は

	적중 단어	의미
☐ 841	ベッド ★	침대
☐ 842	べつに	별로
☐ 843	部屋	방
☐ 844	減る	줄다, 감소하다
☐ 845	ベル	벨
☐ 846	ペン	펜
☐ 847	勉強 ★	공부
☐ 848	返事	답장, 대답
☐ 849	便利だ ★	편리하다
☐ 850	ぼうえき ★	무역

퀴즈1 적중 단어와 의미를 바르게 연결해 보세요.

① 増える ・   ・ A 못하다, 서툴다

② 下手だ ・   ・ B 늘다

③ ひっこし ・   ・ C 이사

퀴즈2 다음 적중 단어를 히라가나로 올바르게 읽은 것을 고르세요.

① 勉強 공부   A へんじ   B べんきょう

② 太い 굵다   A ふるい   B ふとい

③ 船 배   A ふね   B ふゆ

JLPT 챌린지 ＿＿＿의 읽는 법으로 가장 알맞은 것을 1·2·3·4에서 하나 고르세요.

① 駅が　遠くて　<u>不便</u>です。   역이 멀어서 불편합니다.

1 ふべん   2 ぶべん   3 ふへん   4 ぶへん

② スマホは　軽くて　<u>便利</u>です。 스마트폰은 가볍고 편리합니다.

1 べんり   2 へんに   3 へんり   4 べんに

3분 퀴즈 챌린지 정답 체크

퀴즈1 ① B ② A ③ C   **퀴즈2** ① B ② B ③ A   **JLPT 챌린지** ① 1 ② 1

도전! 오늘의 적중 단어의 읽는 법과 의미를 외워봅시다!

☑ 외운 단어를 셀프 체크해 보세요.

적중 단어	의미
☐ 851 ぼうし ★	모자
☐ 852 ボール	공
☐ 853 星 (ほし)	별
☐ 854 ほしい	갖고 싶다, 원하다
☐ 855 ポスター ★	포스터
☐ 856 ほそい	가늘다
☐ 857 ボタン	버튼, 단추
☐ 858 ほとんど ★	거의
☐ 859 ほめられる ★	칭찬받다
☐ 860 ほめる	칭찬하다

적중 단어	의미
☐ 861 <ruby>本<rt>ほん</rt></ruby>	책
☐ 862 <ruby>本<rt>ほん</rt></ruby>だな	책장
☐ 863 <ruby>本店<rt>ほんてん</rt></ruby>	본점
☐ 864 <ruby>本当<rt>ほんとう</rt></ruby>	정말, 진짜
☐ 865 <ruby>本屋<rt>ほんや</rt></ruby> ★	책방, 서점
☐ 866 <ruby>毎朝<rt>まいあさ</rt></ruby> ★	매일 아침
☐ 867 <ruby>毎週<rt>まいしゅう</rt></ruby> ★	매주
☐ 868 <ruby>毎月<rt>まいつき</rt></ruby>(=まいげつ)	매달
☐ 869 <ruby>毎年<rt>まいとし</rt></ruby>(=まいねん)	매년
☐ 870 <ruby>毎日<rt>まいにち</rt></ruby> ★	매일

ま

☑ 외운 단어를 셀프 체크해 보세요.

적중 단어	의미
☐ 871 前 ★	앞
☐ 872 まがる	구부러지다, 돌다
☐ 873 まける ★	지다
☐ 874 まじめだ ★	성실하다
☐ 875 まずい	맛없다
☐ 876 また	또
☐ 877 まだ	아직
☐ 878 町	도시, 읍, 동네
☐ 879 待つ ★	기다리다
☐ 880 まっすぐ ★	곧바로, 쭉

음원을 들으며 따라 읽어 보세요.

적중 단어	의미
☐ 881 窓 まど	창문
☐ 882 学ぶ ^{まな} ★	배우다
☐ 883 間に合う ^{ま　あ} ★	시간에 딱 맞추다
☐ 884 豆 まめ	콩
☐ 885 守る ^{まも}	지키다
☐ 886 まるい	둥글다
☐ 887 見える ^み	보이다
☐ 888 みがく ★	닦다
☐ 889 みかん	귤
☐ 890 右 ^{みぎ} ★	오른쪽

ま

☑ 외운 단어를 셀프 체크해 보세요.

적중 단어	의미
☐ 891 短い	짧다
☐ 892 ミス	실수
☐ 893 水 ★	물
☐ 894 湖 ★	호수
☐ 895 店 ★	가게
☐ 896 見せる	보여주다
☐ 897 道 ★	길
☐ 898 みつかる	발견되다, 찾게 되다
☐ 899 みつける ★	발견하다, 찾다
☐ 900 みどり	초록, 녹색

퀴즈1 적중 단어와 의미를 바르게 연결해 보세요.

① 湖 ·
　　　　　　　　　· A 책방, 서점
② 学ぶ ·
　　　　　　　　　· B 배우다
③ 本屋 ·
　　　　　　　　　· C 호수

퀴즈2 다음 적중 단어를 히라가나로 올바르게 읽은 것을 고르세요.

① 右 오른쪽　　　　　A みぎ　　　　B ひだり

② 間に合う 시간에 딱 맞추다　A まにあう　　B かんにあう

③ 待つ 기다리다　　　A もつ　　　　B まつ

JLPT 챌린지 _____을 한자로 쓸 때 가장 알맞은 것을 1·2·3·4에서 하나 고르세요.

① 先生と まいしゅう 会って います。 선생님과 매주 만나고 있습니다.

1 毎月　　　2 毎日　　　3 毎週　　　4 毎年

② 店の まえに 車が あります。 가게 앞에 자동차가 있습니다.

1 前　　　2 上　　　3 後　　　4 下

3분 퀴즈 챌린지 정답 체크

퀴즈1 ①C ②B ③A　　퀴즈2 ①A ②A ③B　　JLPT 챌린지 ①3 ②1

도전! 오늘의 적중 단어의 읽는 법과 의미를 외워봅시다!

☑ 외운 단어를 셀프 체크해 보세요.

	적중 단어	의미
☐ 901	みなと 港 *	항구
☐ 902	みなみ 南	남(쪽)
☐ 903	みなみぐち 南口	남쪽 출구
☐ 904	みみ 耳 *	귀
☐ 905	み 見る *	보다
☐ 906	む 向かい	맞은편
☐ 907	むか 迎える	마중하다, 맞이하다
☐ 908	むかし 昔	옛날
☐ 909	むし 虫	벌레
☐ 910	むしあつい *	무덥다, 습하다

적중 단어	의미
☐ 911 難しい	어렵다
☐ 912 無理	무리
☐ 913 無料	무료
☐ 914 目 ★	눈(신체)
☐ 915 メートル ★	미터
☐ 916 メール	메일
☐ 917 めがね	안경
☐ 918 メニュー ★	메뉴
☐ 919 もう	이미, 벌써
☐ 920 もうしこむ	신청하다

ま

	적중 단어	의미
☐ 921	もうすぐ ★	이제 곧, 머지않아
☐ 922	木よう日	목요일
☐ 923	持つ	가지다, 들다
☐ 924	もっと	더, 좀 더
☐ 925	もどる ★	되돌아가(오)다
☐ 926	もらう	받다
☐ 927	森 ★	숲
☐ 928	問題	문제
☐ 929	八百屋	채소가게
☐ 930	野球	야구

음원을 들으며 따라 읽어 보세요.

	적중 단어	의미
☐ 931	焼く	굽다, 태우다
☐ 932	約束 ★	약속
☐ 933	野菜 ★	채소
☐ 934	優しい	상냥하다
☐ 935	易しい	쉽다
☐ 936	安い ★	싸다, 저렴하다
☐ 937	休み ★	휴일, 방학
☐ 938	休む ★	쉬다
☐ 939	家賃	집세
☐ 940	山 ★	산

や

		적중 단어	의미
☐	941	**やむ** ★	(비 등이) 그치다, 멈추다
☐	942	**やめる** ★	그만두다, 끊다
☐	943	**夕方** ★ ゆうがた	저녁 무렵
☐	944	**ゆうびんきょく** ★	우체국
☐	945	**有名だ** ゆうめい	유명하다
☐	946	**雪** ★ ゆき	눈
☐	947	**ゆしゅつ** ★	수출
☐	948	**ゆっくり**	천천히
☐	949	**ゆにゅう**	수입
☐	950	**指** ★ ゆび	손가락

퀴즈1 적중 단어와 의미를 바르게 연결해 보세요.

① やむ ・ ・ A (비 등이) 그치다, 멈추다

② 夕方 ゆうがた ・ ・ B 저녁 무렵

③ 港 みなと ・ ・ C 항구

퀴즈2 다음 적중 단어를 히라가나로 올바르게 읽은 것을 고르세요.

① 雪 눈 A ゆき B あらし

② 家賃 집세 A かちん B やちん

③ 野菜 야채 A のさい B やさい

JLPT 챌린지 _____을 한자로 쓸 때 가장 알맞은 것을 1·2·3·4에서 하나 고르세요.

① やさしい 問題が 多いです。 쉬운 문제가 많습니다.

1 美しい 2 安しい 3 難しい 4 易しい

② ゆうめいな 店に 行って 昼ご飯を 食べました。

유명한 가게에 가서 점심을 먹었습니다.

1 有明 2 右名 3 夕明 4 有名

3분 퀴즈 챌린지 정답 체크

퀴즈1 ①A②B③C **퀴즈2** ①A②B③B JLPT 챌린지 ①4②4

오늘의 적중 단어 리스트

학습일 :　　월　　일

DAY 20 MP3

 오늘의 적중 단어의 읽는 법과 의미를 외워봅시다!

☑ 외운 단어를 셀프 체크해 보세요.

		적중 단어	의미
☐	951	ゆびわ	반지
☐	952	夢^{ゆめ} ★	꿈
☐	953	よい	좋다
☐	954	用事^{ようじ} ★	일, 용무
☐	955	洋服^{ようふく}	양복, 옷
☐	956	ヨーロッパ	유럽
☐	957	よく	자주, 잘
☐	958	横^{よこ}	옆
☐	959	よごれる ★	더러워지다
☐	960	よしゅう ★	예습

132　20일 완성 JLPT 합격해VOCA N4·N5

음원을 들으며 따라 읽어 보세요.

	적중 단어	의미
☐ 961	予定 よてい ★	예정
☐ 962	夜中 よなか	한밤중
☐ 963	呼ぶ よぶ ★	부르다
☐ 964	予報 よほう	예보
☐ 965	読む よむ	읽다
☐ 966	予約 よやく ★	예약
☐ 967	夜 よる ★	밤
☐ 968	よろこぶ ★	기뻐하다
☐ 969	弱い よわい ★	약하다
☐ 970	来月 らいげつ	다음 달

ら

	적중 단어	의미
☐ 971	らいしゅう 来週	다음 주
☐ 972	らいねん 来年 ★	내년
☐ 973	り ゆう 理由 ★	이유
☐ 974	りゅうがく 留学	유학
☐ 975	り よう 利用 ★	이용
☐ 976	りょうきん 料金	요금
☐ 977	りょうしん 両親 ★	부모님
☐ 978	りょう り 料理 ★	요리
☐ 979	りょかん 旅館 ★	여관, 료칸
☐ 980	りょこう 旅行 ★	여행

음원을 들으며 따라 읽어 보세요.

	적중 단어	의미
☐ 981	りんご ★	사과
☐ 982	ルール ★	룰, 규칙
☐ 983	留守 (るす)	부재중
☐ 984	レジ	레지스터, 계산대
☐ 985	レストラン ★	레스토랑
☐ 986	レポート	리포트, 보고서
☐ 987	練習 (れんしゅう)	연습
☐ 988	連絡 (れんらく)	연락
☐ 989	廊下 (ろうか)	복도
☐ 990	ワイシャツ ★	와이셔츠

わ

		적중 단어	의미
☐	991	ワイン	와인
☐	992	若い	젊다
☐	993	わかす	데우다, 끓이다
☐	994	忘れる ★	잊다, 까먹다
☐	995	渡す ★	건네다, 넘기다
☐	996	渡る	건너다
☐	997	笑う	웃다
☐	998	割る ★	나누다, 깨다
☐	999	悪い	나쁘다
☐	1000	割れる	깨지다, 갈리다

퀴즈1 적중 단어와 의미를 바르게 연결해 보세요.

① 用事(ようじ) ·

② 弱(よわ)い ·

③ 夜中(よなか) ·

· A 약하다

· B 한밤중

· C 일, 용무

퀴즈2 다음 적중 단어를 히라가나로 올바르게 읽은 것을 고르세요.

① 留守 부재중   A りゅうしゅ   B るす

② 利用 이용   A りよう   B りよ

③ 予定 예정   A ようてい   B よてい

JLPT 챌린지 _____을 한자로 쓸 때 가장 알맞은 것을 1·2·3·4에서 하나 고르세요.

① あしたの よる 飛行機に 乗ります。 내일 밤 비행기를 탑니다.

1 夕   2 昼   3 朝   4 夜

② 母が 大事に している 皿を わって しまった。

엄마가 소중히 하는 접시를 깨 버렸다.

1 渡って   2 笑って   3 使って   4 割って

3분 퀴즈 챌린지 정답 체크

퀴즈1 ① C ② A ③ B   퀴즈2 ① B ② A ③ B   JLPT 챌린지 ① 4 ② 4

N4・N5

제2장
한국어 + 일본어
VOCA

오늘의 적중 단어의 의미와 읽는 법을 외워봅시다!

☑ 외운 단어를 셀프 체크해 보세요.

의미	적중 단어
☐ 001 가게 *	みせ 店
☐ 002 가격 *	ねだん
☐ 003 가구 *	かぐ
☐ 004 가깝다 *	ちか 近い
☐ 005 가늘다	ほそい
☐ 006 가능하다, 생기다	できる
☐ 007 가다 *	い 行く
☐ 008 가득, 잔뜩	いっぱい
☐ 009 가르치다 *	おし 教える
☐ 010 가방	かばん

		의미	적중 단어
☐	011	가볍다 *	軽い
☐	012	가사, 집안일	家事
☐	013	가을 *	秋
☐	014	가족	家族
☐	015	가지 *	えだ
☐	016	가지다, 들다	持つ
☐	017	간단하다	簡単だ
☐	018	간장	しょうゆ
☐	019	간호사	かんごし
☐	020	갈색	茶色

		의미	적중 단어
☐	021	갈아타다, 환승하다 *	のりかえる
☐	022	감기	かぜ
☐	023	(눈을) 감다, 닫다 *	閉じる
☐	024	갑자기	急に
☐	025	강 *	川
☐	026	강의	講義
☐	027	갖고 싶다, 원하다	ほしい
☐	028	같다 *	同じだ
☐	029	개 *	犬
☐	030	개점, 개업	開店

음원을 들으며 따라 읽어 보세요.

의미	적중 단어
☐ 031 거의 *	ほとんど
☐ 032 거짓말 *	うそ
☐ 033 걱정, 근심 *	心配（しんぱい）
☐ 034 건강	健康（けんこう）
☐ 035 건강하다 *	元気だ（げんきだ）
☐ 036 건너다	渡る（わたる）
☐ 037 건네다, 넘기다 *	渡す（わたす）
☐ 038 건물	建物（たてもの）
☐ 039 걷다 *	歩く（あるく）
☐ 040 걸리다 *	かかる

		의미	적중 단어
☐	041	검정, 검정색	黒 ^{くろ}
☐	042	겨울 *	冬 ^{ふゆ}
☐	043	겨울 방학	冬休み ^{ふゆやす}
☐	044	견학	見学 ^{けんがく}
☐	045	결과 *	結果 ^{けっか}
☐	046	결정되다 *	決まる ^き
☐	047	결정하다 *	決める ^き
☐	048	결혼	結婚 ^{けっこん}
☐	049	경기, 시합 *	試合 ^{しあい}
☐	050	경쟁	競争 ^{きょうそう}

퀴즈1 의미와 적중 단어를 바르게 연결해 보세요.

① 건물 •

② 겨울 방학 •

③ 시합 •

• A 試合
し あい

• B 冬休み
ふゆやす

• C 建物
たてもの

퀴즈2 다음 적중 단어의 한자 표기로 올바른 것을 고르세요.

① 걷다 あるく   A 徒く   B 歩く

② 개 いぬ   A 太   B 犬

③ 가족 かぞく   A 家族   B 家旅

JLPT 챌린지 _____의 읽는 법으로 가장 알맞은 것을 1·2·3·4에서 하나 고르세요.

① その 人は 去年 結婚した そうだ。

그 사람은 작년에 결혼했다고 한다.

1 けつこん   2 けついん   3 けっこん   4 けっしん

② 窓を しめて ください。 창문을 닫아 주세요.

1 かど   2 まど   3 いど   4 おと

퀴즈1 ①C②B③A   **퀴즈2** ①B②B③A   **JLPT 챌린지** ①3②2

도전! 오늘의 적중 단어의 의미와 읽는 법을 외워봅시다!

☑ 외운 단어를 셀프 체크해 보세요.

		의미	적중 단어
☐	051	경제	けいざい **経済**
☐	052	경찰	**けいさつ**
☐	053	경치, 풍경 *	けしき **景色**
☐	054	경험 *	けいけん **経験**
☐	055	곁, 옆	**そば**
☐	056	계단	かいだん **階段**
☐	057	계란	**たまご**
☐	058	계절	**きせつ**
☐	059	계획 *	けいかく **計画**
☐	060	고기	にく **肉**

의미	적중 단어
☐ 061 고등학교	こうこう 高校
☐ 062 고양이 *	ねこ
☐ 063 고장나다 *	こしょうする
☐ 064 고장나다, 부서지다	こわ 壊れる
☐ 065 고장내다, 부수다	こわ 壊す
☐ 066 고쳐지다, 낫다 *	なおる
☐ 067 곤란하다	こま 困る
☐ 068 곧바로, 쭉 *	まっすぐ
☐ 069 곳 *	ところ
☐ 070 공	ボール

	의미	적중 단어
☐ 071	공기	空気 (くう き)
☐ 072	공무원	公務員 (こう む いん)
☐ 073	공부 *	勉強 (べんきょう)
☐ 074	공사 *	工事 (こう じ)
☐ 075	공손하다, 정중하다 *	ていねいだ
☐ 076	공업	工業 (こうぎょう)
☐ 077	공원	公園 (こうえん)
☐ 078	공장 *	工場 (こうじょう)
☐ 079	공항 *	空港 (くうこう)
☐ 080	과일 *	くだもの

음원을 들으며 따라 읽어 보세요.

		의미	적중 단어
☐	081	과자	おかし
☐	082	광고	こうこく 広告
☐	083	괜찮다	だいじょう ぶ 大丈夫だ
☐	084	굉장하다	すごい
☐	085	교실	きょうしつ 教室
☐	086	교육	きょういく 教育
☐	087	교차점, 사거리	こう さ てん 交差点
☐	088	교통 *	こうつう 交通
☐	089	구(행정 구역을 나누는 단위) *	く 区
☐	090	구경, 구경꾼	けんぶつ 見物

	의미	적중 단어
☐ 091	구름 *	くも 雲
☐ 092	구부러지다, 돌다	まがる
☐ 093	국제	こくさい 国際
☐ 094	굵다	ふと 太い
☐ 095	굽다, 태우다	や 焼く
☐ 096	권유, 유혹	さそい
☐ 097	권유하다 *	さそう
☐ 098	귀 *	みみ 耳
☐ 099	귀국 *	き こく 帰国
☐ 100	귀엽다	かわいい

퀴즈1 의미와 적중 단어를 바르게 연결해 보세요.

① 굽다 ・   ・ A ていねいだ

② 공사 ・   ・ B 焼く

③ 공손하다 ・   ・ C 工事

퀴즈2 다음 적중 단어의 한자 표기로 올바른 것을 고르세요.

① 계획 けいかく   A 計画   B 訃画

② 국제 こくさい   A 国祭   B 国際

③ 교실 きょうしつ   A 教室   B 考室

JLPT 챌린지 _____의 읽는 법으로 가장 알맞은 것을 1·2·3·4에서 하나 고르세요.

① 友だちが 海外 留学から 帰国する。 친구가 해외 유학에서 귀국한다.

1 かえこく   2 がいこく   3 りゅうこく   4 きこく

② 耳が 痛くて 病院へ 行った。 귀가 아파서 병원에 갔다.

1 みみ   2 め   3 くび   4 くち

3분 퀴즈 챌린지 정답 체크

퀴즈1 ①B②C③A   **퀴즈2** ①A②B③A   **JLPT 챌린지** ①4②1

도전! 오늘의 적중 단어의 의미와 읽는 법을 외워봅시다!

☑ 외운 단어를 셀프 체크해 보세요.

		의미	적중 단어
☐	101	귤	みかん
☐	102	그다지 ~않다 *	あまり~ない
☐	103	그림	絵 え
☐	104	그만두다, 끊다 *	やめる
☐	105	그저께	おととい
☐	106	(비 등이) 그치다, 멈추다 *	やむ
☐	107	근무하다, 일하다	勤める つと
☐	108	근처 *	近所 きんじょ
☐	109	글라스, 유리컵 *	グラス
☐	110	글씨 *	字 じ

의미	적중 단어
☐ 111 금방, 곧	すぐ
☐ 112 금연 *	きんえん
☐ 113 금요일 *	金_{きん}よう日_び
☐ 114 급행	急行_{きゅうこう}
☐ 115 기계 *	きかい
☐ 116 기념품 *	おみやげ
☐ 117 기다리다 *	待_まつ
☐ 118 기름	油_{あぶら}
☐ 119 기분, 마음	気持_{きも}ち
☐ 120 기분, 컨디션 *	気分_{きぶん}

	의미	적중 단어
☐ 121	기뻐하다 *	よろこぶ
☐ 122	기쁘다	うれしい
☐ 123	길 *	道^{みち}
☐ 124	길다 *	長^{なが}い
☐ 125	깊다	深^{ふか}い
☐ 126	까맣다 *	黒^{くろ}い
☐ 127	깜짝 놀라다	びっくりする
☐ 128	깨지다, 갈리다 *	割^われる
☐ 129	꺼지다, 사라지다	消^きえる
☐ 130	꽃 *	花^{はな}

의미	적중 단어
☐ 131 꽤, 제법	けっこう
☐ 132 꿈 *	夢 (ゆめ)
☐ 133 끄다	消す (け)
☐ 134 끝나다 *	終わる (お)
☐ 135 나가(오)다 *	出る (で)
☐ 136 나누다, 깨다 *	割る (わ)
☐ 137 나눠주다	くばる
☐ 138 나라, 고국 *	国 (くに)
☐ 139 나무	木 (き)
☐ 140 나쁘다	悪い (わる)

		의미	적중 단어
☐	141	나아가다, 진행되다 ＊	<ruby>進<rt>すす</rt></ruby>む
☐	142	나중, 다음, ~후 ＊	<ruby>後<rt>あと</rt></ruby>
☐	143	난방	だんぼう
☐	144	날다	<ruby>飛<rt>と</rt></ruby>ぶ
☐	145	날씨 ＊	<ruby>天気<rt>てん き</rt></ruby>
☐	146	남(쪽)	<ruby>南<rt>みなみ</rt></ruby>
☐	147	남다	<ruby>残<rt>のこ</rt></ruby>る
☐	148	남동생	<ruby>弟<rt>おとうと</rt></ruby>
☐	149	남성, 남자 ＊	<ruby>男性<rt>だん せい</rt></ruby>
☐	150	남자 ＊	<ruby>男<rt>おとこ</rt></ruby>の<ruby>人<rt>ひと</rt></ruby>

퀴즈1 의미와 적중 단어를 바르게 연결해 보세요.

① 기뻐하다 ·　　　　　　　　· A おみやげ

② 꺼지다 ·　　　　　　　　· B よろこぶ

③ 기념품 ·　　　　　　　　· C 消える

퀴즈2 다음 적중 단어의 한자 표기로 올바른 것을 고르세요.

① 기분 きぶん　　　　　A 気持　　　B 気分

② 꿈 ゆめ　　　　　　A 夢　　　　B 眠

③ 나쁘다 わるい　　　　A 黒い　　　B 悪い

JLPT 챌린지 _____의 읽는 법으로 가장 알맞은 것을 1·2·3·4에서 하나 고르세요.

① ここは <u>男性</u>が 使って ください。 여기는 남성이 사용해 주세요.

1 たんせい　　2 たんしょう　　3 なんせい　　4 だんせい

② 母は 動物園に <u>勤めて</u> います。 엄마는 동물원에 근무하고 있습니다.

1 つとめて　　2 つくめて　　3 おさめて　　4 きんめて

3분 퀴즈 챌린지 정답 체크

퀴즈1 ①B②C③A　　　퀴즈2 ①B②A③B　　　JLPT 챌린지 ①4②1

도전! 오늘의 적중 단어의 의미와 읽는 법을 외워봅시다!

☑ 외운 단어를 셀프 체크해 보세요.

		의미	적중 단어
☐	151	남자아이	おとこ こ **男の子**
☐	152	남쪽 출구	みなみぐち **南口**
☐	153	낮, 점심	ひる **昼**
☐	154	낮, 주간 *	ひる ま **昼間**
☐	155	낮다, (키가) 작다	ひく **低い**
☐	156	낳다 *	**うむ**
☐	157	내년 *	らいねん **来年**
☐	158	내놓다, 제출하다 *	だ **出す**
☐	159	(비, 눈 등이) 내리다	ふ **降る**
☐	160	(탈 것에서) 내리다	お **降りる**

의미	적중 단어
☐ 161 내일	<ruby>明日<rt>あした</rt></ruby>
☐ 162 내후년	<ruby>再来年<rt>さらいねん</rt></ruby>
☐ 163 냄새	におい
☐ 164 넓다	<ruby>広い<rt>ひろ</rt></ruby>
☐ 165 넣다	<ruby>入れる<rt>い</rt></ruby>
☐ 166 넥타이	ネクタイ
☐ 167 노랑, 노란색	きいろ
☐ 168 노랗다	きいろい
☐ 169 노래	<ruby>歌<rt>うた</rt></ruby>
☐ 170 노래방	カラオケ

		의미	적중 단어
☐	171	노래하다	<ruby>歌<rt>うた</rt></ruby>う
☐	172	노트	ノート
☐	173	놀다	<ruby>遊<rt>あそ</rt></ruby>ぶ
☐	174	놀라다 *	おどろく
☐	175	농구	バスケットボール
☐	176	높다, 비싸다 *	<ruby>高<rt>たか</rt></ruby>い
☐	177	(나의) 누나, 언니 *	<ruby>姉<rt>あね</rt></ruby>
☐	178	누나, 언니	お<ruby>姉<rt>ねえ</rt></ruby>さん
☐	179	눈 *	<ruby>雪<rt>ゆき</rt></ruby>
☐	180	눈(신체) *	<ruby>目<rt>め</rt></ruby>

의미	적중 단어
☐ 181 뉴스	ニュース
☐ 182 늘다 *	増える
☐ 183 늦다 *	遅れる
☐ 184 늦다	遅い
☐ 185 늦잠 *	ねぼう
☐ 186 다니다 *	通う
☐ 187 다르다	違う
☐ 188 다리(시설물)	はし
☐ 189 다음 달	来月
☐ 190 다음 주	来週

		의미	적중 단어
☐	191	다이어트	ダイエット
☐	192	닦다 *	みがく
☐	193	단단하다, 딱딱하다	固い
☐	194	닫다	閉める
☐	195	닫히다	閉まる
☐	196	달	月
☐	197	달다	甘い
☐	198	달리다 *	走る
☐	199	닮다 *	似る
☐	200	담당 *	係り

퀴즈1 의미와 적중 단어를 바르게 연결해 보세요.

① 놀다 ·   · A 係り

② 내리다 ·   · B 遊ぶ

③ 담당 ·   · C 降りる

퀴즈2 다음 적중 단어의 한자 표기로 올바른 것을 고르세요.

① 단단하다   A 固い   B 困い

② 달다   A 美い   B 甘い

③ 누나, 언니   A 姉   B 妹

JLPT 챌린지 _____의 읽는 법으로 가장 알맞은 것을 1·2·3·4에서 하나 고르세요.

① 来月には 終わり そうです。 다음 달에는 끝날 것 같습니다.

1 らいげつ   2 らいがつ   3 らいづき   4 らいつき

② 7月の 昼間は、むしあつい。 7월 낮은 무덥다.

1 ひるま   2 ちゅうま

3 ひるあいだ   4 ちゅうあいだ

도전! 오늘의 적중 단어의 의미와 읽는 법을 외워봅시다!

☑ 외운 단어를 셀프 체크해 보세요.

		의미	적중 단어
☐	201	답례 인사, 답례 선물 *	おれい
☐	202	답장, 대답	返事(へんじ)
☐	203	당기다 *	引(ひ)く
☐	204	닿다, 도착하다 *	とどく
☐	205	대답하다 *	答(こた)える
☐	206	대학교	大学(だいがく)
☐	207	댁(상대방의 집을 높임말)	お宅(たく)
☐	208	댄스	ダンス
☐	209	더, 좀 더	もっと
☐	210	더러워지다 *	よごれる

의미	적중 단어
☐ 211 더럽다, 지저분하다 *	きたない
☐ 212 덥다	暑い
☐ 213 데우다, 끓이다	わかす
☐ 214 도서관 *	図書館
☐ 215 도시 *	都会
☐ 216 도시, 읍, 동네	町
☐ 217 도시락	お弁当
☐ 218 도중 *	とちゅう
☐ 219 도착하다 *	着く
☐ 220 돈	お金

		의미	적중 단어
☐	221	돌 *	<ruby>石<rt>いし</rt></ruby>
☐	222	돌려주다, 반납하다	<ruby>返<rt>かえ</rt></ruby>す
☐	223	돌아가(오)다 *	<ruby>帰<rt>かえ</rt></ruby>る
☐	224	돕다 *	<ruby>手伝<rt>て つだ</rt></ruby>う
☐	225	동(쪽) *	<ruby>東<rt>ひがし</rt></ruby>
☐	226	동물 *	<ruby>動物<rt>どうぶつ</rt></ruby>
☐	227	동물원	<ruby>動物園<rt>どうぶつえん</rt></ruby>
☐	228	동안, 사이 *	<ruby>間<rt>あいだ</rt></ruby>
☐	229	동쪽 출구	<ruby>東口<rt>ひがしぐち</rt></ruby>
☐	230	되돌아가(오)다 *	もどる

의미	적중 단어
☐ 231 두 대 *	に だい 二台
☐ 232 두근두근	どきどき
☐ 233 두다, 놓다 *	お 置く
☐ 234 둥글다	まるい
☐ 235 뒤 *	うし 後ろ
☐ 236 드라이브	ドライブ
☐ 237 듣다, 묻다 *	き 聞く
☐ 238 들리다	き 聞こえる
☐ 239 들어가(오)다 *	はい 入る
☐ 240 등	せ なか 背中

		의미	적중 단어
☐	241	따뜻하다	暖かい
☐	242	(물, 음식 등이) 따뜻하다	温かい
☐	243	딸기	いちご
☐	244	때	時
☐	245	때때로, 가끔	時々
☐	246	떠들다 *	さわぐ
☐	247	떠들썩하다, 번화하다	にぎやかだ
☐	248	떨어뜨리다 *	落とす
☐	249	떨어지다 *	落ちる
☐	250	또	また

퀴즈1 의미와 적중 단어를 바르게 연결해 보세요.

① 떨어뜨리다 • • A 置く

② 두다 • • B 落とす

③ 떠들썩하다 • • C にぎやかだ

퀴즈2 다음 적중 단어의 한자 표기로 올바른 것을 고르세요.

① 동안 あいだ A 問 B 間

② 돌아가(오)다 かえる A 変る B 帰る

③ 당기다 ひく A 引く B 張く

JLPT 챌린지 _____의 읽는 법으로 가장 알맞은 것을 1·2·3·4에서 하나 고르세요.

① 祖母は 5時に 着くそうです。 할머니는 5시에 도착한다고 합니다.

1 いく 2 つく 3 おく 4 ひく

② 夜遅くまで 図書館で 勉強しました。

저녁 늦게까지 도서관에서 공부했습니다.

1 ずしょかん 2 としょうかん

3 ずしょうかん 4 としょかん

3분 퀴즈 챌린지 정답 체크

퀴즈1 ①B②A③C **퀴즈2** ①B②B③A **JLPT 챌린지** ①2②4

오늘의 적중 단어의 의미와 읽는 법을 외워봅시다!

☑ 외운 단어를 셀프 체크해 보세요.

의미	적중 단어
☐ 251 뜨겁다	熱い
☐ 252 레스토랑 *	レストラン
☐ 253 레지스터, 계산대	レジ
☐ 254 룰, 규칙 *	ルール
☐ 255 리포트, 보고서	レポート
☐ 256 마르다 *	かわく
☐ 257 마시다 *	飲む
☐ 258 마음 *	心
☐ 259 마중하다, 맞이하다	迎える
☐ 260 마침, 꼭 *	ちょうど

음원을 들으며 따라 읽어 보세요.

의미	적중 단어
☐ 261 만나다 *	<ruby>会<rt>あ</rt></ruby>う
☐ 262 만들다 *	<ruby>作<rt>つく</rt></ruby>る
☐ 263 만지다, 손을 대다 *	さわる
☐ 264 많다 *	<ruby>多<rt>おお</rt></ruby>い
☐ 265 말	<ruby>馬<rt>うま</rt></ruby>
☐ 266 말하다 *	<ruby>言<rt>い</rt></ruby>う
☐ 267 맑다, 개다 *	はれる
☐ 268 맛 *	<ruby>味<rt>あじ</rt></ruby>
☐ 269 맛없다	まずい
☐ 270 맛있다	おいしい

		의미	적중 단어
☐	271	맛있다, 솜씨가 좋다 *	うまい
☐	272	맞다, 어울리다	合う
☐	273	맞은편	向かい
☐	274	매년	毎年(=まいねん)
☐	275	(넥타이를) 매다	しめる
☐	276	매달	毎月(=まいげつ)
☐	277	매일 *	毎日
☐	278	매일 아침 *	毎朝
☐	279	매장 *	売り場
☐	280	매점	売店

음원을 들으며 따라 읽어 보세요.

의미	적중 단어
☐ 281 매주 *	まいしゅう 毎週
☐ 282 맥주	ビール
☐ 283 맵다	から 辛い
☐ 284 머리 *	あたま 頭
☐ 285 머리카락	かみ 髪
☐ 286 먹다 *	た 食べる
☐ 287 먼저	さき 先に
☐ 288 멀다 *	とお 遠い
☐ 289 메뉴 *	メニュー
☐ 290 메밀국수	そば

		의미	적중 단어
☐	291	메일	メール
☐	292	모래 *	すな
☐	293	모레	あさって
☐	294	모양, 형태	形 かたち
☐	295	모으다 *	集める あつ
☐	296	모이다	集まる あつ
☐	297	모자 *	ぼうし
☐	298	모친, 어머니 *	母親 ははおや
☐	299	모퉁이	かど
☐	300	목, 고개	首 くび

퀴즈1 의미와 적중 단어를 바르게 연결해 보세요.

① 맞은편　　　　•　　　　　　• A 向かい

② 규칙　　　　　•　　　　　　• B ルール

③ 매일 아침　　 •　　　　　　• C 毎朝

퀴즈2 다음 적중 단어의 한자 표기로 올바른 것을 고르세요.

① 모양 かたち　　　　A 形　　　　B 型

② 머리 あたま　　　　A 髪　　　　B 頭

③ 먹다 たべる　　　　A 食べる　　B 飲べる

JLPT 챌린지 ＿＿＿의 읽는 법으로 가장 알맞은 것을 1·2·3·4에서 하나 고르세요.

① 売り場に ほしいものが いっぱい あった。

매장에 갖고 싶은 것이 가득 있었다.

1 うりば　　　2 うりじょう　　　3 かりじょう　　　4 かりば

② 話したい ことは なんですか。　이야기하고 싶은 것이 무엇입니까?

1 だしたい　　　2 いいしたい　　　3 うつしたい　　　4 はなしたい

3분 퀴즈 챌린지 정답 체크

퀴즈1 ① A ② B ③ C　　**퀴즈2** ① A ② B ③ A　　　**JLPT 챌린지** ① 1 ② 4

도전! 오늘의 적중 단어의 의미와 읽는 법을 외워봅시다!

☑ 외운 단어를 셀프 체크해 보세요.

		의미	적중 단어
☐	301	목, 목구멍 *	のど
☐	302	목걸이	ネックレス
☐	303	목소리 *	声 (こえ)
☐	304	목요일	木 (もく) よう日 (び)
☐	305	목욕, 욕실	お風呂 (ふ ろ)
☐	306	몸 *	体 (からだ)
☐	307	못하다, 서툴다	下手 (へ た) だ
☐	308	무겁다 *	重 (おも) い
☐	309	무덥다, 습하다 *	むしあつい
☐	310	무료	無料 (む りょう)

의미	적중 단어
☐ 311 무리	む り 無理
☐ 312 무섭다	こわ 怖い
☐ 313 무역 *	ぼうえき
☐ 314 문	ドア
☐ 315 문법	ぶんぽう 文法
☐ 316 문제	もんだい 問題
☐ 317 물 *	みず 水
☐ 318 물품, 물건	しなもの 品物
☐ 319 미술관	び じゅつかん 美術館
☐ 320 미지근하다	ぬるい

		의미	적중 단어
☐	321	미터 *	メートル
☐	322	밀다, 누르다 *	押す
☐	323	바꾸다, 교환하다 *	とりかえる
☐	324	바나나 *	バナナ
☐	325	바다	海
☐	326	바람 *	風
☐	327	바로, 즉시 *	すぐに
☐	328	바르다, 칠하다	ぬる
☐	329	바쁘다	忙しい
☐	330	바지 *	ズボン

음원을 들으며 따라 읽어 보세요.

의미	적중 단어
☐ 331 바지, 팬티	パンツ
☐ 332 박물관	<ruby>博物館<rt>はくぶつかん</rt></ruby>
☐ 333 밖 *	<ruby>外<rt>そと</rt></ruby>
☐ 334 반년	<ruby>半年<rt>はんとし</rt></ruby>(=はんねん)
☐ 335 반, 절반 *	<ruby>半分<rt>はんぶん</rt></ruby>
☐ 336 반대 *	<ruby>反対<rt>はんたい</rt></ruby>
☐ 337 반드시 *	かならず
☐ 338 반복하다, 되풀이하다	くりかえす
☐ 339 반지	ゆびわ
☐ 340 받다	もらう

ㅂ

		의미	적중 단어
☐	341	받다, (시험을) 치르다	受ける
☐	342	발, 다리 *	足
☐	343	발견되다, 찾게 되다	みつかる
☐	344	발견하다, 찾다 *	みつける
☐	345	발음	発音
☐	346	밝다 *	明るい
☐	347	밟다	ふむ
☐	348	밟히다	ふまれる
☐	349	밤 *	夜
☐	350	밤, 저녁때 *	晩

퀴즈1 의미와 적중 단어를 바르게 연결해 보세요.

① 무역 ·   · A 外

② 반 ·   · B ぼうえき

③ 밖 ·   · C 半分

퀴즈2 다음 적중 단어의 한자 표기로 올바른 것을 고르세요.

① 밤 ばん   A 晩   B 眠

② 받다 うける   A 受ける   B 授ける

③ 발음 はつおん   A 発音   B 発意

JLPT 챌린지 (   )에 들어갈 가장 알맞은 것을 1·2·3·4에서 하나 고르세요.

① この本は 文法 (   ) が 多い。 이 책은 문법 문제가 많다.

1 反対   2 無料   3 品物   4 問題

② 朝 起きると (   ) 水を 飲む。

아침에 일어나면 반드시 물을 마신다.

1 ちょうど   2 あまり   3 かならず   4 下手に

3분 퀴즈 챌린지 정답 체크

퀴즈1 ①B②C③A   **퀴즈2** ①A②A③A   **JLPT 챌린지** ①4②3

오늘의 적중 단어 리스트

DAY 08

DAY 08 MP3

학습일 : 　　월　　일

 오늘의 적중 단어의 의미와 읽는 법을 외워봅시다!

☑ 외운 단어를 셀프 체크해 보세요.

		의미	적중 단어
☐	351	밥	ご飯 はん
☐	352	방	部屋 へ や
☐	353	방문하다, 여쭙다	たずねる
☐	354	배(신체 부위)	お腹 なか
☐	355	배(이동 수단) *	船 ふね
☐	356	배구	バレーボール
☐	357	배달	はいたつ
☐	358	배우다 *	習う なら
☐	359	배우다 *	学ぶ まな
☐	360	백화점	デパート

의미	적중 단어
☐ 361 버리다	すてる
☐ 362 버스	バス
☐ 363 버튼, 단추	ボタン
☐ 364 벌레	虫 むし
☐ 365 벗다 *	ぬぐ
☐ 366 베끼다	写す うつ
☐ 367 벨	ベル
☐ 368 벽	かべ
☐ 369 벽장	おしいれ
☐ 370 별	星 ほし

ㅂ

		의미	적중 단어
☐	371	별로	べつに
☐	372	병	病気 びょうき
☐	373	병문안 *	おみまい
☐	374	병원 *	病院 びょういん
☐	375	보내다 *	送る おく
☐	376	보내다, 전달하다	とどける
☐	377	보다 *	見る み
☐	378	보살핌, 신세 *	せわ
☐	379	보여주다	見せる み
☐	380	보이다	見える み

		의미	적중 단어
☐	381	복도	ろうか 廊下
☐	382	복사 *	コピー
☐	383	복습	ふくしゅう
☐	384	복잡하다	ふくざつだ
☐	385	본점	ほんてん 本店
☐	386	봄 *	はる 春
☐	387	부끄럽다	はずかしい
☐	388	부디, 제발, 꼭 *	ぜひ
☐	389	부르다 *	よ 呼ぶ
☐	390	부모	おや 親

		의미	적중 단어
☐	391	부모님 *	りょうしん 両親
☐	392	부엌	だいどころ 台所
☐	393	부재중	る す 留守
☐	394	부족하다	た 足りない
☐	395	부친, 아버지	ちちおや 父親
☐	396	부탁	ねが お願い
☐	397	부탁하다, 주문하다 *	たの 頼む
☐	398	북(쪽) *	きた 北
☐	399	북쪽 출구	きたぐち 北口
☐	400	불	ひ 火

3분 퀴즈 챌린지

퀴즈1 의미와 적중 단어를 바르게 연결해 보세요.

① 벗다 ·　　　　　　　· A ぜひ

② 복사 ·　　　　　　　· B コピー

③ 부디 ·　　　　　　　· C ぬぐ

퀴즈2 다음 적중 단어의 한자 표기로 올바른 것을 고르세요.

① 밥 ごはん　　　　　　A ご飯　　　B ご飲

② 봄 はる　　　　　　　A 春　　　　B 秋

③ 베끼다 うつす　　　　A 虫す　　　B 写す

JLPT 챌린지 _____의 읽는 법으로 가장 알맞은 것을 1·2·3·4에서 하나 고르세요.

① <u>廊下</u>に　ものを　置かないで　ください。

복도에 물건을 두지 말아주세요.

1 ろか　　　　2 ろした　　　　3 ろうか　　　　4 ろうした

② <u>本店</u>に　連絡して　みます。　본점에 연락해 보겠습니다.

1 ほんみせ　　　2 もとみせ　　　3 ほんてん　　　4 もとてん

3분 퀴즈 챌린지 정답 체크

퀴즈1　①C②B③A　　　퀴즈2　①A②A③B　　　JLPT 챌린지　①3②3

오늘의 적중 단어의 의미와 읽는 법을 외워봅시다!

☑ 외운 단어를 셀프 체크해 보세요.

		의미	적중 단어
☐	401	불꽃놀이	花火 (はなび)
☐	402	(바람이) 불다 *	ふく
☐	403	불편하다 *	不便だ (ふべんだ)
☐	404	붐비다, 복잡하다 *	こむ
☐	405	붙이다 *	はる
☐	406	붙이다, 켜다 *	つける
☐	407	붙잡다	捕まえる (つかまえる)
☐	408	비 *	雨 (あめ)
☐	409	비교하다 *	くらべる
☐	410	비치다	映る (うつる)

의미	적중 단어
☐ 411 비행기	飛行機 (ひこうき)
☐ 412 빌딩	ビル
☐ 413 빌려주다 *	貸す (かす)
☐ 414 빌리다	借りる (かりる)
☐ 415 빛나다 *	光る (ひかる)
☐ 416 (속도가) 빠르다 *	速い (はやい)
☐ 417 빨강, 빨간색	赤 (あか)
☐ 418 빨갛다 *	赤い (あかい)
☐ 419 사고	事故 (じこ)
☐ 420 사과 *	りんご

人

		의미	적중 단어
☐	421	사과하다 *	あやまる
☐	422	사다 *	買う
☐	423	사무소	事務所
☐	424	사양, 겸손 *	えんりょ
☐	425	사용하다 *	使う
☐	426	사원	社員
☐	427	사이즈	サイズ
☐	428	사인, 서명, 신호 *	サイン
☐	429	사장(님)	社長
☐	430	사전	辞書

		의미	적중 단어
☐	431	사진	写真（しゃしん）
☐	432	산 *	山（やま）
☐	433	산책 *	さんぽ
☐	434	살다 *	住（す）む
☐	435	살다, 생존하다	生（い）きる
☐	436	살찌다	太（ふと）る
☐	437	상냥하다	優（やさ）しい
☐	438	상담 *	そうだん
☐	439	상당히	非常（ひじょう）に
☐	440	상의, 겉옷	上着（うわぎ）

人

		의미	적중 단어
☐	441	상처, 부상 *	けが
☐	442	상품	商品 (しょうひん)
☐	443	새 *	鳥 (とり)
☐	444	새롭다 *	新しい (あたら)
☐	445	색, 색깔 *	色 (いろ)
☐	446	샌드위치	サンドイッチ
☐	447	샐러드	サラダ
☐	448	생각하다 *	考える (かんが)
☐	449	생글생글, 싱글벙글 *	にこにこ
☐	450	생산 *	生産 (せいさん)

퀴즈1 의미와 적중 단어를 바르게 연결해 보세요.

① 붐비다 •   • A えんりょ

② 사양 •   • B そうだん

③ 상담 •   • C こむ

퀴즈2 다음 적중 단어의 한자 표기로 올바른 것을 고르세요.

① 새롭다 あたらしい   A 親しい   B 新しい

② 생산 せいさん   A 性産   B 生産

③ 사원 しゃいん   A 社長   B 社員

JLPT 챌린지 ( )에 들어갈 가장 알맞은 것을 1·2·3·4에서 하나 고르세요.

① 二つの 商品を ( ) から 買います。

두 개의 상품을 비교하고 나서 사겠습니다.

1 くらべて   2 ふいて   3 はって   4 使って

② 友だちと けんかして 先生に ( ) しました。

친구와 싸워서 선생님께 상담했습니다.

1 けんか   2 さそい   3 こしょう   4 そうだん

3분 퀴즈 챌린지 정답 체크

퀴즈1 ①C②A③B   **퀴즈2** ①B②B③B   **JLPT 챌린지** ①1②4

오늘의 적중 단어의 의미와 읽는 법을 외워봅시다!

☑ 외운 단어를 셀프 체크해 보세요.

의미	적중 단어
☐ 451 생선 *	さかな 魚
☐ 452 생일 *	たんじょうび
☐ 453 생활	せいかつ 生活
☐ 454 샤워 *	シャワー
☐ 455 서(쪽) *	にし 西
☐ 456 서다, 멈추다	と 止まる
☐ 457 서두르다 *	いそ 急ぐ
☐ 458 서류	しょるい
☐ 459 서비스 *	サービス
☐ 460 서쪽 출구	にしぐち 西口

음원을 들으며 따라 읽어 보세요.

의미	적중 단어
☐ 461 선물	プレゼント
☐ 462 선배 *	せんぱい
☐ 463 선생님 *	先生
☐ 464 선택하다	選ぶ
☐ 465 설명 *	説明
☐ 466 설탕 *	さとう
☐ 467 성공	成功
☐ 468 성실하다 *	まじめだ
☐ 469 세계 *	世界
☐ 470 (수를) 세다 *	数える

ㅅ

		의미	적중 단어
☐	471	세다, 강하다 *	強い
☐	472	세우다, 멈추다	止める
☐	473	세워지다	建つ
☐	474	세일	セール
☐	475	세탁 *	洗濯
☐	476	세트	セット
☐	477	센티(미터) *	センチ
☐	478	소	牛
☐	479	소개	紹介
☐	480	소고기	牛肉

음원을 들으며 따라 읽어 보세요.

의미	적중 단어
☐ 481 소금	しお 塩
☐ 482 소리	おと 音
☐ 483 소설 *	しょうせつ 小説
☐ 484 소용없다, 그르다	だめだ
☐ 485 소중하다, 중요하다 *	たいせつ 大切だ
☐ 486 소중히 *	だいじ 大事に
☐ 487 소파	ソファ
☐ 488 소프트, 부드러움	ソフト
☐ 489 손 *	て 手
☐ 490 손가락 *	ゆび 指

人

		의미	적중 단어
☐	491	손님	お客さん
☐	492	쇼핑	買い物
☐	493	수도, 상수도 *	水道
☐	494	수박	すいか
☐	495	수업 *	授業
☐	496	수염 *	ひげ
☐	497	수영	水泳
☐	498	수영장 *	プール
☐	499	수요일	水よう日
☐	500	수입	ゆにゅう

DAY 10 3분 퀴즈 챌린지

학습일: 월 일

맞은 개수 개/8개

퀴즈1 의미와 적중 단어를 바르게 연결해 보세요.

① 성실하다 ·　　　　　· A ゆにゅう

② 소용없다 ·　　　　　· B まじめだ

③ 수입　　 ·　　　　　· C だめだ

퀴즈2 다음 적중 단어의 한자 표기로 올바른 것을 고르세요.

① 소설 しょうせつ　　　A 小説　　B 話説

② 세탁 せんたく　　　　A 洗曜　　B 洗濯

③ 수업 じゅぎょう　　　A 授業　　B 受業

JLPT 챌린지 ( )에 들어갈 가장 알맞은 것을 1·2·3·4에서 하나 고르세요.

① 暑いから プールで ( ) した. 더워서 수영장에서 수영했다.

1 水泳　　　2 水永　　　3 氷英　　　4 水運

② お店の 中に ( ) が いっぱい います.

가게 안에 손님이 꽉 차 있습니다.

1 お客さん　　2 先生　　　3 両親　　　4 せんぱい

3분 퀴즈 챌린지 정답 체크

퀴즈1 ①B②C③A　　　퀴즈2 ①A②B③A　　　JLPT 챌린지 ①1②1

제2장 DAY 10 3분 퀴즈 챌린지 **199**

오늘의 적중 단어의 의미와 읽는 법을 외워봅시다!

☑ 외운 단어를 셀프 체크해 보세요.

의미	적중 단어
☐ 501 수출 *	ゆしゅつ
☐ 502 수프	スープ
☐ 503 숙박하다, 머무르다	泊まる
☐ 504 숙제	宿題
☐ 505 순간 *	しゅんかん
☐ 506 숲 *	森
☐ 507 숲, 수풀 *	林
☐ 508 쉬다 *	休む
☐ 509 쉽다	易しい
☐ 510 슈퍼 *	スーパー

의미	적중 단어
☐ 511 스마트폰	スマホ
☐ 512 스웨터	セーター
☐ 513 스위치 *	スイッチ
☐ 514 스타트, 시작	スタート
☐ 515 스테이크	ステーキ
☐ 516 스트레스	ストレス
☐ 517 슬프다	悲(かな)しい
☐ 518 습관	習慣(しゅうかん)
☐ 519 시간	時間(じかん)
☐ 520 시간에 딱 맞추다 *	間(ま)に合(あ)う

		의미	적중 단어
☐	521	시계 *	時計 (とけい)
☐	522	시끄럽다 *	うるさい
☐	523	시대	時代 (じだい)
☐	524	시시하다, 재미없다 *	つまらない
☐	525	시원하다, 선선하다 *	すずしい
☐	526	시작되다	始まる (はじまる)
☐	527	시작하다 *	始める (はじめる)
☐	528	시험	試験 (しけん)
☐	529	식다, 차가워지다 *	ひえる
☐	530	식당 *	食堂 (しょくどう)

		의미	적중 단어
☐	531	식료품 *	食料品 しょくりょうひん
☐	532	식물	植物 しょくぶつ
☐	533	식사 *	食事 しょくじ
☐	534	식품	食品 しょくひん
☐	535	신다, (바지 등을) 입다 *	はく
☐	536	신문 *	新聞 しんぶん
☐	537	신발, 구두 *	くつ
☐	538	신청하다	もうしこむ
☐	539	신호	信号 しんごう
☐	540	실례, 예의가 없음	失礼 しつれい

人

	의미	적중 단어
☐ 541	실수	ミス
☐ 542	실패	失敗
☐ 543	싫다	いやだ
☐ 544	싫어하다	きらいだ
☐ 545	심다	植える
☐ 546	싸다, 저렴하다 *	安い
☐ 547	싸다, 포장하다 *	つつむ
☐ 548	싸움 *	けんか
☐ 549	쌀	米
☐ 550	(맛이) 쓰다 *	苦い

퀴즈1 의미와 적중 단어를 바르게 연결해 보세요.

① 순간   •   • A けんか

② 포장하다 •   • B しゅんかん

③ 싸움   •   • C つつむ

퀴즈2 다음 적중 단어의 한자 표기로 올바른 것을 고르세요.

① 시작하다 はじめる   A 始める   B 失める

② 숲 はやし   A 林   B 休

③ 식당 しょくどう   A 飲堂   B 食堂

JLPT 챌린지 _____의 읽는 법으로 가장 알맞은 것을 1·2·3·4에서 하나 고르세요.

① 食料品を ゆにゅう している。 식료품을 수입하고 있다.

1 しょくりょひん   2 しゅくりょうひん

3 しょくりょうひん   4 しゅくりょうひん

② その 話を 聞いて なぜか 悲しく なりました。

그 이야기를 듣고 왠지 슬퍼졌습니다.

1 うれしく   2 かなしく   3 さびしく   4 すずしく

3분 퀴즈 챌린지 정답 체크

퀴즈1 ① B ② C ③ A   퀴즈2 ① A ② A ③ B   JLPT 챌린지 ① 3 ② 2

도전! 오늘의 적중 단어의 의미와 읽는 법을 외워봅시다!

☑ 외운 단어를 셀프 체크해 보세요.

의미	적중 단어
☐ 551 (모자 등을) 쓰다	かぶる
☐ 552 (우산을) 쓰다 *	さす
☐ 553 쓰다 *	書く
☐ 554 쓰러지다 *	たおれる
☐ 555 쓰레기	ごみ
☐ 556 쓸다	はく
☐ 557 쓸쓸하다	さびしい
☐ 558 씹다, 물다 *	かむ
☐ 559 씻다	洗う
☐ 560 아나운서	アナウンサー

의미	적중 단어
☐ 561 아래 *	下 (した)
☐ 562 아르바이트	アルバイト
☐ 563 아름답다 *	美しい (うつく)
☐ 564 아버지	お父さん (とう)
☐ 565 (나의) 아빠, 아버지 *	父 (ちち)
☐ 566 아시아	アジア
☐ 567 아이, 어린이	子ども
☐ 568 아이디어 *	アイディア
☐ 569 아직	まだ
☐ 570 아침 *	朝 (あさ)

☑ 외운 단어를 셀프 체크해 보세요.

		의미	적중 단어
☐	571	아파트 *	アパート
☐	572	아프다	痛い
☐	573	아프리카	アフリカ
☐	574	안, 속 *	中
☐	575	안경	めがね
☐	576	안내 *	案内
☐	577	안내 방송	アナウンス
☐	578	안내문, 공지	お知らせ
☐	579	안심 *	安心
☐	580	안전	安全

음원을 들으며 따라 읽어 보세요.

		의미	적중 단어
☐	581	앉다	座る
☐	582	알다	知る
☐	583	알코올	アルコール
☐	584	앙케트, 조사 *	アンケート
☐	585	앞 *	前
☐	586	애완동물	ペット
☐	587	액세서리	アクセサリー
☐	588	야구	野球
☐	589	야단맞다	おこられる
☐	590	약 *	薬

		의미	적중 단어
☐	591	약국	薬屋 くすりや
☐	592	약속 *	約束 やくそく
☐	593	약하다 *	弱い よわ
☐	594	얌전하다 *	大人しい おとな
☐	595	양복, 슈트	スーツ
☐	596	양복, 옷	洋服 ようふく
☐	597	양파	たまねぎ
☐	598	얕다	浅い あさ
☐	599	어둡다 *	暗い くら
☐	600	어떻게	どう

퀴즈1 의미와 적중 단어를 바르게 연결해 보세요.

① 쓰러지다 ・   ・ A かむ

② 씹다 ・   ・ B たおれる

③ 야단맞다 ・   ・ C おこられる

퀴즈2 다음 적중 단어의 한자 표기로 올바른 것을 고르세요.

① 약하다 よわい   A 強い   B 弱い

② 아름답다 うつくしい   A 美しい   B 味しい

③ 얌전하다 おとなしい   A 大人しい   B 太人しい

JLPT 챌린지 ＿＿＿을 한자로 쓸 때 가장 알맞은 것을 1·2·3·4에서 하나 고르세요.

① あんしんして 旅行することが できた。 안심하고 여행할 수 있었다.

1 安心   2 安新   3 安全   4 安親

② 試験が 終わってから やきゅうを した。

시험이 끝나고 나서 야구를 했다.

1 里球   2 野球   3 野玉   4 里玉

3분 퀴즈 챌린지 정답 체크

퀴즈1 ①B②A③C   퀴즈2 ①B②A③A   JLPT 챌린지 ①1②2

DAY 13 오늘의 적중 단어 리스트

DAY 13 MP3

학습일: 월 일

 오늘의 적중 단어의 의미와 읽는 법을 외워봅시다!

☑ 외운 단어를 셀프 체크해 보세요.

		의미	적중 단어
☐	601	어떻게	どうやって
☐	602	어렵다	難_{むずか}しい
☐	603	어른	大人_{おとな}
☐	604	어머니	お母_{かあ}さん
☐	605	어울리다 *	にあう
☐	606	어제	昨日_{きのう}
☐	607	어째서, 왜	どうして
☐	608	어째서, 왜	なぜ
☐	609	언제	いつ
☐	610	얼굴 *	顔_{かお}

의미	적중 단어
☐ 611 얼음 *	こおり 氷
☐ 612 엄격하다 *	きびしい
☐ 613 (나의) 엄마, 어머니	はは 母
☐ 614 엄지손가락 *	おやゆび 親指
☐ 615 에스컬레이터	エスカレーター
☐ 616 에어컨 *	エアコン
☐ 617 엘리베이터	エレベーター
☐ 618 여관, 료칸 *	りょかん 旅館
☐ 619 여동생 *	いもうと 妹
☐ 620 여러 가지, 다양함	いろいろ

		의미	적중 단어
☐	621	여럿, 많은 사람 *	おおぜい
☐	622	여름 *	<ruby>夏<rt>なつ</rt></ruby>
☐	623	여름 방학	<ruby>夏休<rt>なつやす</rt></ruby>み
☐	624	여성, 여자 *	<ruby>女性<rt>じょせい</rt></ruby>
☐	625	여자	<ruby>女<rt>おんな</rt></ruby>の<ruby>人<rt>ひと</rt></ruby>
☐	626	여자아이 *	<ruby>女<rt>おんな</rt></ruby>の<ruby>子<rt>こ</rt></ruby>
☐	627	여행 *	<ruby>旅行<rt>りょこう</rt></ruby>
☐	628	역 *	<ruby>駅<rt>えき</rt></ruby>
☐	629	역무원 *	<ruby>駅員<rt>えきいん</rt></ruby>
☐	630	연구 *	<ruby>研究<rt>けんきゅう</rt></ruby>

음원을 들으며 따라 읽어 보세요.

		의미	적중 단어
☐	631	연락	連絡 ^{れんらく}
☐	632	연못	池 ^{いけ}
☐	633	연습	練習 ^{れんしゅう}
☐	634	연주하다, 켜다, 치다 *	ひく
☐	635	연필	えんぴつ
☐	636	연하다, 얇다 *	うすい
☐	637	열 *	ねつ
☐	638	열다 *	開ける ^あ
☐	639	열리다 *	開く ^あ
☐	640	열쇠	かぎ

	의미	적중 단어
☐ 641	열심히 *	ねっしんに
☐ 642	엽서	はがき
☐ 643	영어 *	英語 (えいご)
☐ 644	영업 *	営業 (えいぎょう)
☐ 645	영향	影響 (えいきょう)
☐ 646	영화 *	映画 (えいが)
☐ 647	영화관	映画館 (えいがかん)
☐ 648	옆	横 (よこ)
☐ 649	옆, 이웃	となり
☐ 650	예보	予報 (よほう)

퀴즈1 의미와 적중 단어를 바르게 연결해 보세요.

① 연구 ·   · A 映画 (えいが)

② 영업 ·   · B 研究 (けんきゅう)

③ 영화 ·   · C 営業 (えいぎょう)

퀴즈2 다음 적중 단어의 한자 표기로 올바른 것을 고르세요.

① 역무원 えきいん   A 駅院   B 駅員

② 엄지손가락 おやゆび   A 親指   B 親旨

③ 열다 あける   A 開ける   B 閉ける

JLPT 챌린지 ＿＿＿을 한자로 쓸 때 가장 알맞은 것을 1·2·3·4에서 하나 고르세요.

① あの　学校には　いけが　ある。 저 학교에는 연못이 있다.

1 川   2 池   3 空   4 海

② 病院の　よこに　うどん屋が　ある。 병원 옆에 우동 가게가 있다.

1 前   2 下   3 横   4 後

3분 퀴즈 챌린지 정답 체크

퀴즈1 ①B②C③A   **퀴즈2** ①B②A③A   **JLPT 챌린지** ①2②3

DAY 14 오늘의 적중 단어 리스트

학습일 :   월   일

 오늘의 적중 단어의 의미와 읽는 법을 외워봅시다!

☑ 외운 단어를 셀프 체크해 보세요.

		의미	적중 단어
☐	651	예쁘다, 깨끗하다	きれいだ
☐	652	예습 *	よしゅう
☐	653	예약 *	予約 (よやく)
☐	654	예정 *	予定 (よてい)
☐	655	옛날	昔 (むかし)
☐	656	오늘	今日 (きょう)
☐	657	오늘 밤 *	今夜 (こんや)
☐	658	오늘 밤, 오늘 저녁	今晩 (こんばん)
☐	659	오늘 아침 *	今朝 (けさ)
☐	660	오다 *	来る (くる)

음원을 들으며 따라 읽어 보세요.

의미	적중 단어
☐ 661 오래되다 *	^{ふる}古い
☐ 662 (산을) 오르다	^{のぼ}登る
☐ 663 오르다	あがる
☐ 664 오른쪽 *	^{みぎ}右
☐ 665 오전	^{ご ぜん}午前
☐ 666 오토바이	バイク
☐ 667 오픈	オープン
☐ 668 오후 *	^{ご ご}午後
☐ 669 옥상 *	^{おくじょう}屋上
☐ 670 옮기다	^{うつ}移る

		의미	적중 단어
☐	671	옮기다, 운반하다 *	運ぶ
☐	672	옷	服
☐	673	와이셔츠 *	ワイシャツ
☐	674	와인	ワイン
☐	675	왕복 *	おうふく
☐	676	외국 *	外国
☐	677	외우다, 익히다	覚える
☐	678	외출하다, 나가다	出かける
☐	679	왼쪽 *	左
☐	680	요금	料金

음원을 들으며 따라 읽어 보세요.

의미	적중 단어
☐ 681 요리 *	りょうり 料理
☐ 682 요전, 얼마 전	せんじつ 先日
☐ 683 우산	かさ
☐ 684 우유	ぎゅうにゅう 牛乳
☐ 685 우체국 *	ゆうびんきょく
☐ 686 우표 *	きって
☐ 687 운동 *	うんどう 運動
☐ 688 운전 *	うんてん 運転
☐ 689 울다	な 泣く
☐ 690 (벨 등이) 울리다 *	なる

	의미	적중 단어
☐ 691	움직이다 *	動く
☐ 692	웃다	笑う
☐ 693	원인	原因
☐ 694	월요일	月よう日
☐ 695	위 *	上
☐ 696	위험하다	危ない
☐ 697	위험하다 *	危険だ
☐ 698	유감스럽다 *	残念だ
☐ 699	유럽	ヨーロッパ
☐ 700	유리	ガラス

퀴즈1 의미와 적중 단어를 바르게 연결해 보세요.

① 울다 ・   ・ A ゆうびんきょく

② 위험하다 ・   ・ B 危険だ

③ 우체국 ・   ・ C 泣く

퀴즈2 다음 적중 단어의 한자 표기로 올바른 것을 고르세요.

① 요리 りょうり   A 料理   B 科理

② 외국 がいこく   A 海国   B 外国

③ 옥상 おくじょう   A 屋上   B 台上

JLPT 챌린지 (   )에 들어갈 가장 알맞은 것을 1・2・3・4에서 하나 고르세요.

① 子どもの時、(   ) が あまり 好きじゃなかった。

어렸을 때 우유를 별로 안 좋아했다.

1 お茶   2 コーヒー   3 こうちゃ   4 牛乳

② (   ) を はるのを わすれて はがきを 送った。

우표 붙이는 것을 잊고 엽서를 보냈다.

1 きって   2 えんぴつ   3 きっぷ   4 かぎ

3분 퀴즈 챌린지 정답 체크

퀴즈1 ①C②B③A   **퀴즈2** ①A②B③A   **JLPT 챌린지** ①4②1

도전! 오늘의 적중 단어의 의미와 읽는 법을 외워봅시다!

☑ 외운 단어를 셀프 체크해 보세요.

		의미	적중 단어
☐	701	유명하다	<ruby>有名<rt>ゆうめい</rt></ruby>だ
☐	702	유학	<ruby>留学<rt>りゅうがく</rt></ruby>
☐	703	은행	<ruby>銀行<rt>ぎんこう</rt></ruby>
☐	704	음식	<ruby>食<rt>た</rt></ruby>べ<ruby>物<rt>もの</rt></ruby>
☐	705	음악	<ruby>音楽<rt>おんがく</rt></ruby>
☐	706	의견 *	<ruby>意見<rt>いけん</rt></ruby>
☐	707	의미	<ruby>意味<rt>いみ</rt></ruby>
☐	708	의사 *	<ruby>医者<rt>いしゃ</rt></ruby>
☐	709	의자 *	いす
☐	710	이, 치아	<ruby>歯<rt>は</rt></ruby>

	의미	적중 단어
☐ 721	이상 *	以上 (いじょう)
☐ 722	이야기	話 (はなし)
☐ 723	이야기하다 *	話す (はなす)
☐ 724	이외, 그 밖	以外 (いがい)
☐ 725	이용 *	利用 (りよう)
☐ 726	이유 *	理由 (りゆう)
☐ 727	이전	以前 (いぜん)
☐ 728	이제 곧, 머지않아 *	もうすぐ
☐ 729	이제 곧, 슬슬	そろそろ
☐ 730	익숙해지다 *	なれる

음원을 들으며 따라 읽어 보세요.

의미	적중 단어
☐ 731 인구 *	じんこう 人口
☐ 732 인기 *	にんき 人気
☐ 733 인사 *	あいさつ
☐ 734 인터넷 *	インターネット
☐ 735 인플루엔자, 독감	インフルエンザ
☐ 736 일	しごと 仕事
☐ 737 일, 용무 *	ようじ 用事
☐ 738 일기 *	にっき 日記
☐ 739 일기예보 *	てんきよほう 天気予報
☐ 740 일어나다 *	お 起きる

	의미	적중 단어
☐ 741	일어서다 *	<ruby>立<rt>た</rt></ruby>つ
☐ 742	일요일	<ruby>日<rt>にち</rt></ruby>よう<ruby>日<rt>び</rt></ruby>
☐ 743	일으키다	<ruby>起<rt>お</rt></ruby>こす
☐ 744	일하다 *	<ruby>働<rt>はたら</rt></ruby>く
☐ 745	읽다	<ruby>読<rt>よ</rt></ruby>む
☐ 746	잃다, 없애다	なくす
☐ 747	입	<ruby>口<rt>くち</rt></ruby>
☐ 748	입구	<ruby>入口<rt>いりぐち</rt></ruby>
☐ 749	입금, 납입	ふりこみ
☐ 750	입다	<ruby>着<rt>き</rt></ruby>る

퀴즈1 의미와 적중 단어를 바르게 연결해 보세요.

① 의자 ·　　　　　　　　　· A ふりこみ

② 인사 ·　　　　　　　　　· B いす

③ 입금 ·　　　　　　　　　· C あいさつ

퀴즈2 다음 적중 단어의 한자 표기로 올바른 것을 고르세요.

① 이름 なまえ　　　　　　　A 各前　　　　B 名前

② 이전 いぜん　　　　　　　A 以前　　　　B 似前

③ 일어서다 たつ　　　　　　A 建つ　　　　B 立つ

JLPT 챌린지 ＿＿＿의 읽는 법으로 가장 알맞은 것을 1·2·3·4에서 하나 고르세요.

① 銀行は 4時に 営業が 終わる。 은행은 4시에 영업이 끝난다.

1 きんごう　　　2 ぎんぎょう　　　3 ぎんこう　　　4 きんぎょう

② この 町も 人口が 減って きている。 이 마을도 인구가 줄어들고 있다.

1 じんこう　　　2 にんこう　　　3 じんくち　　　4 ひとぐち

3분 퀴즈 챌린지 정답 체크

퀴즈1 ① B ② C ③ A　　　**퀴즈2** ① B ② A ③ B　　　**JLPT 챌린지** ① 3 ② 1

오늘의 적중 단어의 의미와 읽는 법을 외워봅시다!

☑ 외운 단어를 셀프 체크해 보세요.

		의미	적중 단어
☐	751	입원 *	にゅういん 入院
☐	752	입학	にゅうがく 入学
☐	753	잊다, 까먹다 *	わす 忘れる
☐	754	잎, 잎사귀	は
☐	755	자기, 자신 *	じ ぶん 自分
☐	756	자다, 눕다	ね 寝る
☐	757	자다, 잠들다 *	ねむ 眠る
☐	758	자동차 *	くるま 車
☐	759	자동차 *	じ どうしゃ 自動車
☐	760	자라다, 늘어지다	の 伸びる

의미	적중 단어
☐ 761. 자르다 *	<ruby>切<rt>き</rt></ruby>る
☐ 762. 자리, 좌석	<ruby>席<rt>せき</rt></ruby>
☐ 763. 자유 *	<ruby>自由<rt>じ ゆう</rt></ruby>
☐ 764. 자전거 *	<ruby>自転車<rt>じ てんしゃ</rt></ruby>
☐ 765. 자주, 잘	よく
☐ 766. 작년	<ruby>去年<rt>きょねん</rt></ruby>
☐ 767. 작다 *	<ruby>小<rt>ちい</rt></ruby>さい
☐ 768. 작문	<ruby>作文<rt>さくぶん</rt></ruby>
☐ 769. 잔돈, 거스름돈 *	おつり
☐ 770. 잘다, 자세하다	<ruby>細<rt>こま</rt></ruby>かい

		의미	적중 단어
☐	771	잘하다, 능숙하다	上手<ruby>じょう<rt></rt></ruby>だ
☐	772	잡지	ざっし
☐	773	장갑	てぶくろ
☐	774	장래, 미래	将来
☐	775	장소 *	場所
☐	776	장식하다 *	かざる
☐	777	재료	材料
☐	778	재미있다	面白い
☐	779	재작년	おととし
☐	780	잼	ジャム

의미	적중 단어
☐ 781　저금 *	ちょきん
☐ 782　저녁 무렵 *	夕方 ゆうがた
☐ 783　적다 *	少ない すく
☐ 784　전 세계 *	世界中 せ かいじゅう
☐ 785　전기, 전등	電気 でん き
☐ 786　전달하다, 알리다 *	伝える つた
☐ 787　전철 *	電車 でんしゃ
☐ 788　전혀 ~않다 *	ぜんぜん～ない
☐ 789　전화 *	電話 でん わ
☐ 790　절 *	寺 てら

☑ 외운 단어를 셀프 체크해 보세요.

		의미	적중 단어
☐	791	젊다	若い
☐	792	점심 시간	昼休み
☐	793	점심 식사, 점심밥 *	昼ご飯
☐	794	점원 *	店員
☐	795	점점, 순조롭게 *	だんだん
☐	796	접다	折る
☐	797	접수 *	うけつけ
☐	798	접시	皿
☐	799	젓가락	おはし
☐	800	정리하다, 치우다	片付ける

퀴즈1 의미와 적중 단어를 바르게 연결해 보세요.

① 잔돈 · · A ちょきん

② 장식하다 · · B おつり

③ 저금 · · C かざる

퀴즈2 다음 적중 단어의 한자 표기로 올바른 것을 고르세요.

① 접시 さら　　　　A 皿　　　B 血

② 적다 すくない　　A 小ない　　B 少ない

③ 입원 にゅういん　A 入員　　B 入院

JLPT 챌린지 (　　)에 들어갈 가장 알맞은 것을 1·2·3·4에서 하나 고르세요.

① 片づけてから　(　　)　休んで　ください。

정리하고 나서 자유롭게 쉬세요.

1 有名に　　2 自由に　　3 以外に　　4 自分に

②(　　) 上手に　なって　きましたね。 점점 잘하게 되었네요.

1 ぜんぜん　2 面白く　　3 よく　　4 だんだん

3분 퀴즈 챌린지 정답 체크

퀴즈1 ①B②C③A　　**퀴즈2** ①A②B③B　　**JLPT 챌린지** ①2②4

DAY 17 MP3

오늘의 적중 단어 리스트

학습일 :　　월　　　일

 오늘의 적중 단어의 의미와 읽는 법을 외워봅시다!

☑ 외운 단어를 셀프 체크해 보세요.

		의미	적중 단어
☐	801	정말, 진짜	ほん 本当
☐	802	정보	じょうほう 情報
☐	803	정성껏 *	ていねいに
☐	804	정원, 마당	にわ 庭
☐	805	젖다 *	ぬれる
☐	806	제품	せいひん
☐	807	조금 전에, 아까	さっき
☐	808	조금, 약간 *	すこし
☐	809	조사하다 *	しら 調べる
☐	810	조용하다 *	しず 静かだ

236　20일 완성 JLPT 합격해VOCA N4·N5

음원을 들으며 따라 읽어 보세요.

의미	적중 단어
☐ 811 졸리다, 자다	眠い
☐ 812 졸업	卒業
☐ 813 좀, 잠깐 *	ちょっと
☐ 814 좀처럼 ~않다 *	なかなか～ない
☐ 815 좁다 *	せまい
☐ 816 종이 *	紙
☐ 817 좋다	いい
☐ 818 좋다	よい
☐ 819 좋아하다 *	好きだ
☐ 820 (내가 다른 사람에게) 주다	あげる

ㅈ

		의미	적중 단어
☐	821	(다른 사람이 나에게) 주다	くれる
☐	822	주문	注文
☐	823	주소 *	住所
☐	824	주스	ジュース
☐	825	주의 *	注意
☐	826	주차장	駐車場
☐	827	죽다	死ぬ
☐	828	준비 *	じゅんび
☐	829	줄 서다, 늘어서다	ならぶ
☐	830	줄다, 감소하다	減る

음원을 들으며 따라 읽어 보세요.

		의미	적중 단어
☐	831	줄을 세우다, 늘어놓다	ならべる
☐	832	줍다 *	ひろう
☐	833	중요하다, 소중하다	大事だ
☐	834	중지 *	中止
☐	835	중학교	中学校
☐	836	즐거움, 기대	楽しみ
☐	837	즐겁다 *	楽しい
☐	838	지각 *	ちこく
☐	839	지갑 *	さいふ
☐	840	지금	今

☑ 외운 단어를 셀프 체크해 보세요.

의미	적중 단어
☐ 841 지다 *	まける
☐ 842 지도 *	地図
☐ 843 지리 *	地理
☐ 844 지불하다 *	払う
☐ 845 지치다, 피곤하다	疲れる
☐ 846 지키다	守る
☐ 847 지하 *	地下
☐ 848 지하철	地下鉄
☐ 849 질문	質問
☐ 850 집(내가 사는 곳)	うち

퀴즈1 의미와 적중 단어를 바르게 연결해 보세요.

① 지키다 ・ ・ A 疲れる

② 줄을 세우다 ・ ・ B ならべる

③ 지치다 ・ ・ C 守る

퀴즈2 다음 적중 단어의 한자 표기로 올바른 것을 고르세요.

① 지리 ちり   A 地里   B 地理

② 질문 しつもん   A 質問   B 質聞

③ 주소 じゅうしょ   A 注所   B 住所

JLPT 챌린지 ＿＿의 읽는 법으로 가장 알맞은 것을 1·2·3·4에서 하나 고르세요.

① 来年 中学校を 卒業します。 내년에 중학교를 졸업합니다.

1 じゅうがくこう   2 ちゅうがくこう

3 じゅうがっこう   4 ちゅうがっこう

② ちょっと 会議を 中止 します。 잠깐 회의를 중지하겠습니다.

1 ちゅうじ   2 ちゅうし   3 じゅうし   4 じゅうじ

3분 퀴즈 챌린지 정답 체크

퀴즈1 ① C ② B ③ A   **퀴즈2** ① B ② A ③ B   **JLPT 챌린지** ① 4 ② 2

오늘의 적중 단어의 의미와 읽는 법을 외워봅시다!

☑ 외운 단어를 셀프 체크해 보세요.

	의미	적중 단어
☐ 851	집(장소) *	家 いえ
☐ 852	집세	家賃 や ちん
☐ 853	짓다, 세우다 *	建てる た
☐ 854	짧다	短い みじか
☐ 855	찍다	撮る と
☐ 856	차	お茶 ちゃ
☐ 857	차갑다 *	冷たい つめ
☐ 858	찬성 *	さんせい
☐ 859	찬스, 기회 *	チャンス
☐ 860	참가	参加 さん か

음원을 들으며 따라 읽어 보세요.

의미	적중 단어
☐ 861 찻집, 카페	きっ さ てん 喫茶店
☐ 862 창문	まど 窓
☐ 863 찾다 *	さが 探す
☐ 864 채소 *	や さい 野菜
☐ 865 채소가게	や お や 八百屋
☐ 866 책	ほん 本
☐ 867 책방, 서점 *	ほん や 本屋
☐ 868 책상 *	つくえ
☐ 869 책장	ほん 本だな
☐ 870 처음	はじめて

ち

		의미	적중 단어
☐	871	천둥 *	かみなり 雷
☐	872	천천히	ゆっくり
☐	873	청소 *	そうじ
☐	874	체크 *	チェック
☐	875	초대 *	しょうたい
☐	876	초등학교	しょうがっこう 小学校
☐	877	초록, 녹색	みどり
☐	878	초콜릿 *	チョコレート
☐	879	최근 *	さいきん 最近
☐	880	최초, 처음 *	さいしょ 最初

의미	적중 단어
☐ 881 최후, 마지막 *	最後 さい ご
☐ 882 추억 *	思い出 おも で
☐ 883 축구	サッカー
☐ 884 축하, 축하 선물	おいわい
☐ 885 출구	出口 で ぐち
☐ 886 출발	出発 しゅっぱつ
☐ 887 출석	出席 しゅっせき
☐ 888 춤추다 *	おどる
☐ 889 춥다 *	寒い さむ
☐ 890 충분하다 *	十分だ じゅうぶん

ㅊ

		의미	적중 단어
☐	891	충분하다 *	足りる
☐	892	취미	趣味
☐	893	치즈	チーズ
☐	894	친구(들)	友だち
☐	895	친절하다 *	親切だ
☐	896	침대 *	ベッド
☐	897	칭찬받다 *	ほめられる
☐	898	칭찬하다	ほめる
☐	899	카메라 *	カメラ
☐	900	카탈로그	カタログ

퀴즈1 의미와 적중 단어를 바르게 연결해 보세요.

① 책장 ・ ・ A おいわい

② 천천히 ・ ・ B 本だな

③ 축하 ・ ・ C ゆっくり

퀴즈2 다음 적중 단어의 한자 표기로 올바른 것을 고르세요.

① 충분하다 たりる　　　　　A 足りる　　　B 促りる

② 추억 おもいで　　　　　A 考い出　　　B 思い出

③ 춥다 さむい　　　　　　A 塞い　　　　B 寒い

JLPT 챌린지 _____의 읽는 법으로 가장 알맞은 것을 1·2·3·4에서 하나 고르세요.

① 雷は　なぜ　光ったり　するのですか。

천둥은 왜 빛나거나 하는 겁니까?

1 あめ　　　　2 かみなり　　　3 くも　　　　　4 きり

② 今から　出席を　呼びます。 지금부터 출석을 부르겠습니다.

1 ちゅっせき　2 ちゅうせき　　3 しゅっせき　　4 しゅうせき

3분 퀴즈 챌린지 정답 체크

퀴즈1　①B②C③A　　퀴즈2　①A②B③B　　JLPT 챌린지　①2②3

도전! 오늘의 적중 단어의 의미와 읽는 법을 외워봅시다!

☑ 외운 단어를 셀프 체크해 보세요.

		의미	적중 단어
☐	901	캘린더, 달력	カレンダー
☐	902	커터, 작은 칼 *	カッター
☐	903	커피 *	コーヒー
☐	904	컴퓨터	コンピューター
☐	905	케이크 *	ケーキ
☐	906	켜지다	つく
☐	907	코	鼻 はな
☐	908	콘서트 *	コンサート
☐	909	콩	豆 まめ
☐	910	크다	大きい おお

음원을 들으며 따라 읽어 보세요.

		의미	적중 단어
☐	911	클럽, 동아리	クラブ
☐	912	키	背^せ
☐	913	키우다 *	育^{そだ}てる
☐	914	타다 *	乗^のる
☐	915	타월, 수건	タオル
☐	916	타입	タイプ
☐	917	태어나다 *	生^うまれる
☐	918	태풍	台風^{たいふう}
☐	919	테스트, 시험	テスト
☐	920	테이블	テーブル

E

		의미	적중 단어
☐	921	텍스트, 교과서	テキスト
☐	922	토요일	土よう日
☐	923	통하다, 지나가다 *	通る
☐	924	특급 *	特急
☐	925	특별하다 *	特別だ
☐	926	특히 *	とくに
☐	927	튼튼하다	丈夫だ
☐	928	티켓 *	チケット
☐	929	팁	チップ
☐	930	파랑, 파란색	青

음원을 들으며 따라 읽어 보세요.

의미	적중 단어
☐ 931 파랗다 *	青い
☐ 932 파스타	パスタ
☐ 933 파일	ファイル
☐ 934 파출소	交番
☐ 935 파트, 시간제 근무	パート
☐ 936 파티	パーティー
☐ 937 팔	うで
☐ 938 팔다 *	売る
☐ 939 팔리다	売れる
☐ 940 퍼스널 컴퓨터	パソコン

		의미	적중 단어
☐	941	페이지	ページ
☐	942	펜	ペン
☐	943	편리하다 *	<ruby>便利<rt>べん り</rt></ruby>だ
☐	944	편의점	コンビニ
☐	945	편지 *	<ruby>手紙<rt>て がみ</rt></ruby>
☐	946	포도	ぶどう
☐	947	포스터 *	ポスター
☐	948	표	きっぷ
☐	949	푹, 깊은 잠든 모양	ぐっすり
☐	950	풀	<ruby>草<rt>くさ</rt></ruby>

퀴즈1 의미와 적중 단어를 바르게 연결해 보세요.

① 캘린더 ·　　　　　　　　　　· A 通る

② 파출소 ·　　　　　　　　　　· B カレンダー

③ 통하다 ·　　　　　　　　　　· C 交番

퀴즈2 다음 적중 단어의 한자 표기로 올바른 것을 고르세요.

① 편지 てがみ　　　　　　A 手低　　　　B 手紙

② 풀 くさ　　　　　　　A 草　　　　　B 早

③ 튼튼하다 じょうぶだ　　A 丈夫だ　　　B 丈失だ

JLPT 챌린지 ＿＿＿의 읽는 법으로 가장 알맞은 것을 1·2·3·4에서 하나 고르세요.

① 今年に なって 背が 伸びた。 올해가 되어서 키가 컸다.

1 せい　　　　2 せ　　　　　3 はい　　　　4 かお

② 今度の 試験は 特別に 難しくは なかった。

이번 시험은 특별히 어렵지는 않았다.

1 どくべつ　　2 とくべつ　　3 とくへつ　　4 どくへつ

DAY 20 오늘의 적중 단어 리스트

DAY 20 MP3

학습일 :   월   일

 도전! 오늘의 적중 단어의 의미와 읽는 법을 외워봅시다!

☑ 외운 단어를 셀프 체크해 보세요.

		의미	적중 단어
☐	951	(꽃이) 피다 *	<ruby>咲<rt>さ</rt></ruby>く
☐	952	피아노	ピアノ
☐	953	(담배를) 피우다 *	すう
☐	954	피팅, 입어 봄	<ruby>試着<rt>しちゃく</rt></ruby>
☐	955	필요 *	<ruby>必要<rt>ひつよう</rt></ruby>
☐	956	필요하다	<ruby>要<rt>い</rt></ruby>る
☐	957	하늘 *	<ruby>空<rt>そら</rt></ruby>
☐	958	(샤워를) 하다, 뒤집어쓰다	<ruby>浴<rt>あ</rt></ruby>びる
☐	959	하양, 하얀색	<ruby>白<rt>しろ</rt></ruby>
☐	960	하얗다 *	<ruby>白<rt>しろ</rt></ruby>い

의미	적중 단어
☐ 961 학교 *	がっこう 学校
☐ 962 학생	がくせい 学生
☐ 963 한가하다 *	ひまだ
☐ 964 한밤중	よ なか 夜中
☐ 965 한번 *	いち ど 一度
☐ 966 한자 *	かん じ 漢字
☐ 967 할머니	おばあさん
☐ 968 (나의) 할머니, 조모	そ ぼ 祖母
☐ 969 할아버지	おじいさん
☐ 970 (나의) 할아버지, 조부	そ ふ 祖父

	의미	적중 단어
☐ 971	합격	ごうかく 合格
☐ 972	항구 ★	みなと 港
☐ 973	항상 ★	いつも
☐ 974	해외	かいがい 海外
☐ 975	햄버거	ハンバーガー
☐ 976	행하다 ★	おこな 行う
☐ 977	헤엄치다 ★	およ 泳ぐ
☐ 978	(나의) 형, 오빠 ★	あに 兄
☐ 979	형, 오빠	にい お兄さん
☐ 980	형제	きょうだい 兄弟

		의미	적중 단어
☐	981	형편, 사정 *	都合 (つごう)
☐	982	형편, 상태	具合 (ぐあい)
☐	983	호수 *	湖 (みずうみ)
☐	984	혼내다	叱る (しかる)
☐	985	화가	画家 (がか)
☐	986	화내다 *	おこる
☐	987	화요일	火よう日 (かようび)
☐	988	화재	火事 (かじ)
☐	989	활발하다, 번창하다	さかんだ
☐	990	회사 *	会社 (かいしゃ)

ㅎ

☑ 외운 단어를 셀프 체크해 보세요.

		의미	적중 단어
☐	991	회사원	かいしゃいん **会社員**
☐	992	회의	かい ぎ **会議**
☐	993	회화, 대화	かい わ **会話**
☐	994	훨씬 *	**ずっと**
☐	995	휴일, 방학 *	やす **休み**
☐	996	흐림	**くもり**
☐	997	흥미	きょう み **興味**
☐	998	힘	ちから **力**
☐	999	힘내다, 열심히 하다	**がんばる**
☐	1000	힘들다	たいへん **大変だ**

258 20일 완성 JLPT 합격해VOCA N4·N5

퀴즈1 의미와 적중 단어를 바르게 연결해 보세요.

① 흐림 •　　　　　　• A ずっと

② 힘들다 •　　　　　　• B くもり

③ 훨씬 •　　　　　　• C 大変_{たいへん}だ

퀴즈2 다음 적중 단어의 한자 표기로 올바른 것을 고르세요.

① (샤워를) 하다 あびる　　　　A 欲びる　　　B 浴びる

② 화가 がか　　　　　　　A 絵家　　　　B 画家

③ 형편, 상태 ぐあい　　　　　A 具会　　　　B 具合

JLPT 챌린지 ＿＿＿을 한자로 쓸 때 가장 알맞은 것을 1·2·3·4에서 하나 고르세요.

① 1時間 <u>およいだら、</u> 疲れました。 1시간 헤엄쳤더니 지쳤습니다.

1 行いだら　　　2 氷いだら　　　3 水いだら　　　4 泳いだら

② がんばって <u>かんじを</u> 覚えています。 힘내서 한자를 외우고 있습니다.

1 漢学　　　　2 韓字　　　　3 英字　　　　4 漢字

3분 퀴즈 챌린지 정답 체크

퀴즈1 ① B ② C ③ A 　　**퀴즈2** ① B ② B ③ B 　　**JLPT 챌린지** ① 4 ② 4

MEMO

MEMO